La coronación de la Virgen en Sevilla

MONSEÑOR GIOVANNI LANZAFAME

La coronación de la Virgen en Sevilla

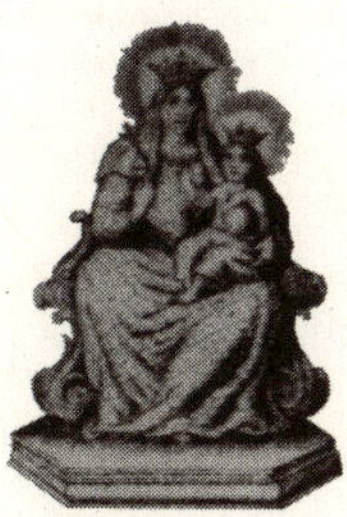

ALMUZARA

Primera edición: mayo de 2024

Editorial Almuzara – Colección Arte y Patrimonio

Director editorial: Antonio Cuesta
Editora: Rosa García Perea
Maquetación: Miguel Andréu

www.editorialalmuzara.com
pedidos@almuzaralibros.com – info@almuzaralibros.com

Editorial Almuzara
Parque Logístico de Córdoba. Ctra. Palma del Río, km 4
C/8, Nave L2, nº 3. 14005 – Córdoba

Imprime: Black Print
ISBN: 978-84-10521-69-8
Depósito legal: CO-257-2024

Hecho e impreso en España – *Made and printed in Spain*

Índice

NOTA DE LA EDITORA

María está tan presente en Sevilla que no se puede entender a esta ciudad completamente sin incluir la amable sombra que ampara el manto de nuestra Madre.

Giovanni Lanzafame une esos dos amores en su doble condición de sacerdote y sevillano de adopción, y sobre todo de gran conocedor de la Madre de Nuestro Señor, como mariólogo y como hombre de fe profundamente enamorado de la figura la Virgen.

Son muchas las Vírgenes que han sido coronadas gracias al fervor de sus fieles. Muchas las historias, que al igual que las piedras preciosas embellecen la corona, dan esperanza y felicidad a estos gestos de devoción del pueblo sevillano.

En las páginas de este magnífico libro, estoy segura de que encontrará todo lo mencionado anteriormente, y confío en que disfrutará tanto de su lectura como yo disfruté de su edición.

Rosa García Perea

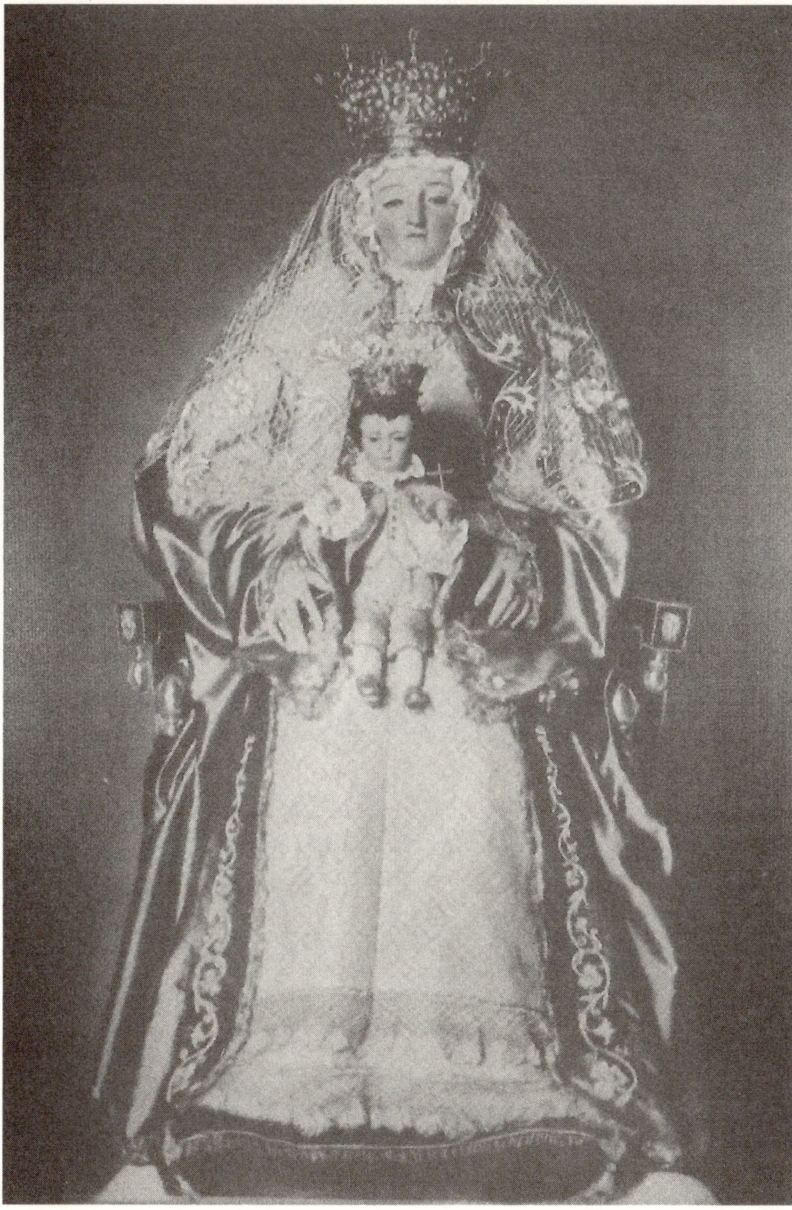

PRÓLOGO

Amable lector:

Acogemos con agrado la presente publicación del sacerdote mariólogo don Giovanni Lanzafame, que, aunque nacido en Catania (Italia), es por merecimientos propios sevillano de adopción, ya que, en esta Archidiócesis de Sevilla, ejerce su ministerio sacerdotal desde el año 2001, como capellán de comunidades religiosas y director espiritual de hermandades. Contribuye eficazmente, por medio de la predicación de la Palabra de Dios, de la exaltación de las glorias de María y, sobre todo, por medio de sus publicaciones, a la formación y al estímulo de la piedad de los fieles.

Es un prolífico autor, tanto en italiano como en español —ésta es su quincuagésima obra—. En esta última presenta, con un lenguaje accesible a todos sin renunciar a una rigurosidad impecable, en su primera parte, de manera sintética, un pequeño tratado de mariología, desgranando el significado de los distintos misterios de la vida de María y de su participación en la historia de la salvación. Es significativo el mensaje que tiene, para nosotros los creyentes del tercer milenio, acercándonos a Cristo por María, comprendiéndolo desde María y anunciándolo con María.

La segunda parte es de carácter histórico, con una rica memoria gráfica de cómo, a lo largo del tiempo, pastores y fieles de la Iglesia hispalense han ido viviendo estas realidades en las diversas circunstancias particulares y coyunturas históricas que se han ido sucediendo. Es, sin duda, importante, sobre todo en estos momentos de confusión y liquidez, conocer nuestro pasado para así reafirmamos en nuestras raíces e iluminar nuestro futuro.

Es por todo ello que recomiendo la lectura de este libro, que es sin duda un buen instrumento para la formación del pueblo de Dios, en especial de la grey hispalense, y que se inserta en una de las líneas permanentes de acción pastoral de nuestra archidiócesis: la formación integral y religiosa de los fieles, porque hoy, más que nunca, hay que dotarlos de armas para que puedan dar razón de su fe en esta sociedad secularizada y plurirreligiosa.

Elevemos la mirada a la Santísima Virgen María, que quiso escoger a ésta como su tierra, para que nos ayude a ver con ojos limpios, como los suyos, el rostro de Cristo, e interceda, como Madre amorosa, por nosotros, que navegamos en el mar agitado de este mundo en la barca de la Iglesia para que experimentemos y hagamos presente el amor de Dios que a Ella lo inundó completamente.

+José Ángel Saiz Meneses
Arzobispo de Sevilla

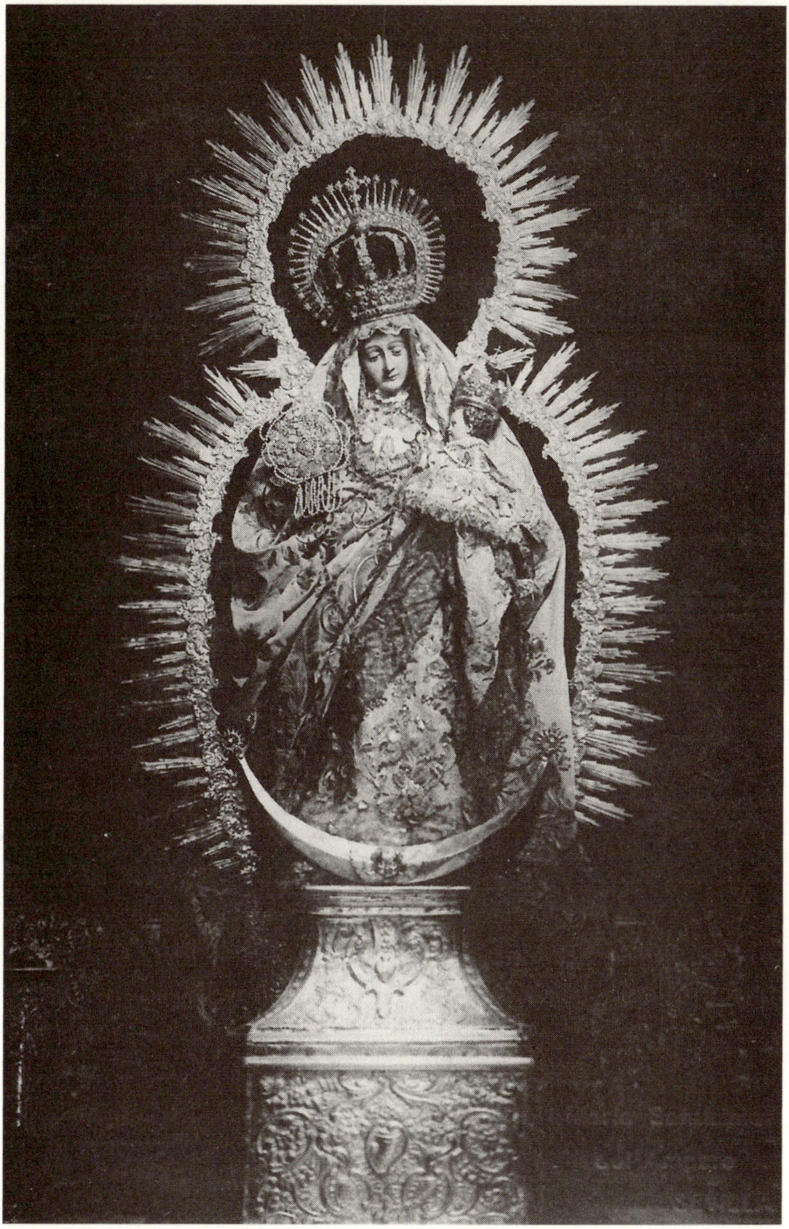

INTRODUCCIÓN

Estimados lectores, hermanos y amigos, con esta obra: «Sevilla corona a María» deseo una vez más decir que Sevilla, donde vivo mi sacerdocio hace más de veinticinco años y que comparte en mi corazón el amor con Catania, donde he nacido, es sin duda una Archidiócesis desde siempre Mariana por excelencia. Yo creo que la más Mariana del Orbe Católico. Lo prueban hechos tan multiformes y abundantes a lo largo de la historia, hasta llegar a conseguir, por interés de la Hermandad de San Bernardo, tener en el escudo de la ciudad la expresión: «Muy Mariana».

Sevilla tiene hasta un barrio llamado de «Los Remedios» que sus calles son una verdadera Letanía Mariana. Llena está la Iglesia Hispalense de Santuarios de primer orden en la devoción universal Mariana. Basílicas, como la de la Esperanza Macarena, visitada diariamente por peregrino de todo el mundo. Y más de la mitad de las parroquias de la Archidiócesis están dedicadas a la Santísima Virgen, que es patrona de muchísimos pueblos. La misma Catedral, la tercera del mundo, canta las glorias de María con la Giralda y sus campanas, invocándolas como: Madre de Dios Inmaculada, Asumpta, Sede, Batallas, Antiguas, Reposo, Reyes, Madre de la Iglesia. En conventos de Clausura y de frailes han arraigado varias órdenes religiosas llegadas de toda Europa con su propio carisma y devoción Mariana, transformando con su predicación y oración esta tierra en «Tierra de María Santísima».

Hermandades de Gloria y Penitencia, Asociaciones y Agrupaciones de Fieles, rinden todo el año culto a la Gran Señora, con predicaciones y solemnes y devotas procesiones en el centro de la ciudad y en los barrios de la periferia.

En conclusión; María Santísima por Sevilla y por su gente «es parte y es todo» al mismo tiempo de la historia y de la vida de la Iglesia en Sevilla.

Este libro sencillo quiere ser humilde instrumento de formación mariológica e iconográfica para las nuevas generaciones cofrades y un recuerdo para los mayores que han vivido momentos inolvidables marianos como las procesiones magnas marianas y las coronaciones desde el cardenal Segura que actualmente revivimos gracias a nuestro nuevo arzobispo en el colofón del II Congreso de Hermandades y Cofradías en el 2024.

Actualmente es la ciudad y la Archidiócesis que más imágenes ha coronado, tanto en Glorias como en Penitencia.

Coronaciones canónicas

Nos recuerda el sacerdote Jesús de Azcárate Fajarnes que «La coronación canónica es uno de los ritos litúrgicos de la Iglesia Católica, instituido en el siglo XVII e incorporado a la liturgia romana, usado para resaltar la devoción por una advocación mariana. Consiste en la imposición de una corona a la imagen de la Virgen escogida. En un principio, se puede pensar que la coronación canónica no es más que una celebración multitudinaria en torno a una imagen de la Santísima Virgen en la que el Obispo pone sobre las sienes de la imagen de María Santísima la corona que le ofrece su pueblo. Pero eso es simplemente un momento de todo lo que es una coronación. La coronación canónica es un proceso en el que hay que demostrar que una imagen concreta recibe culto multisecular, es decir, que esa imagen haya movido desde muchos años, e incluso siglos atrás a los fieles a una veneración sincera a la Madre de Dios por medio de este signo que es la imagen. Demostrado esto, la autoridad eclesiástica determina coronarla solemnemente, poniendo sobre su cabeza una corona. Es por tanto una práctica especial de devoción, unida a la Iglesia y a sentirnos Iglesia de Jesucristo unida a María.»

Existen distintos tipos de coronaciones:

Pontificia: es la que concede el Pontífice Romano.

Diocesana: es la que concede el obispo de una diócesis.

Litúrgica: es la coronación que no necesita permiso especial y que puede llevarse a cabo por cualquier eclesiástico. Esta coronación puede llegar a la categoría de diocesana.

Los requisitos para que una imagen de la Virgen pueda ser coronada, son los siguientes:

1. Que se pueda probar su devoción desde el inicio de su culto.
2. Que no tenga una antigüedad menor de cincuenta años. Esta antigüedad debe estar documentada.
3. La comprobación de los favores que la imagen ha concedido.

Que el autentico culto a María Santísima mis queridos hermanos cofrades nos ayude a vivir y a dar testimonio del Hijo de Dios, hoy en una sociedad que ha perdido los valores fundamentales de la fe y del bien común.

De María nimionesum setis

Por María todo es poco.

Giovanni Lanzafame Di Bartolo

Mariólogo

7 de octubre de 2023, Festividad de la Virgen del Rosario.

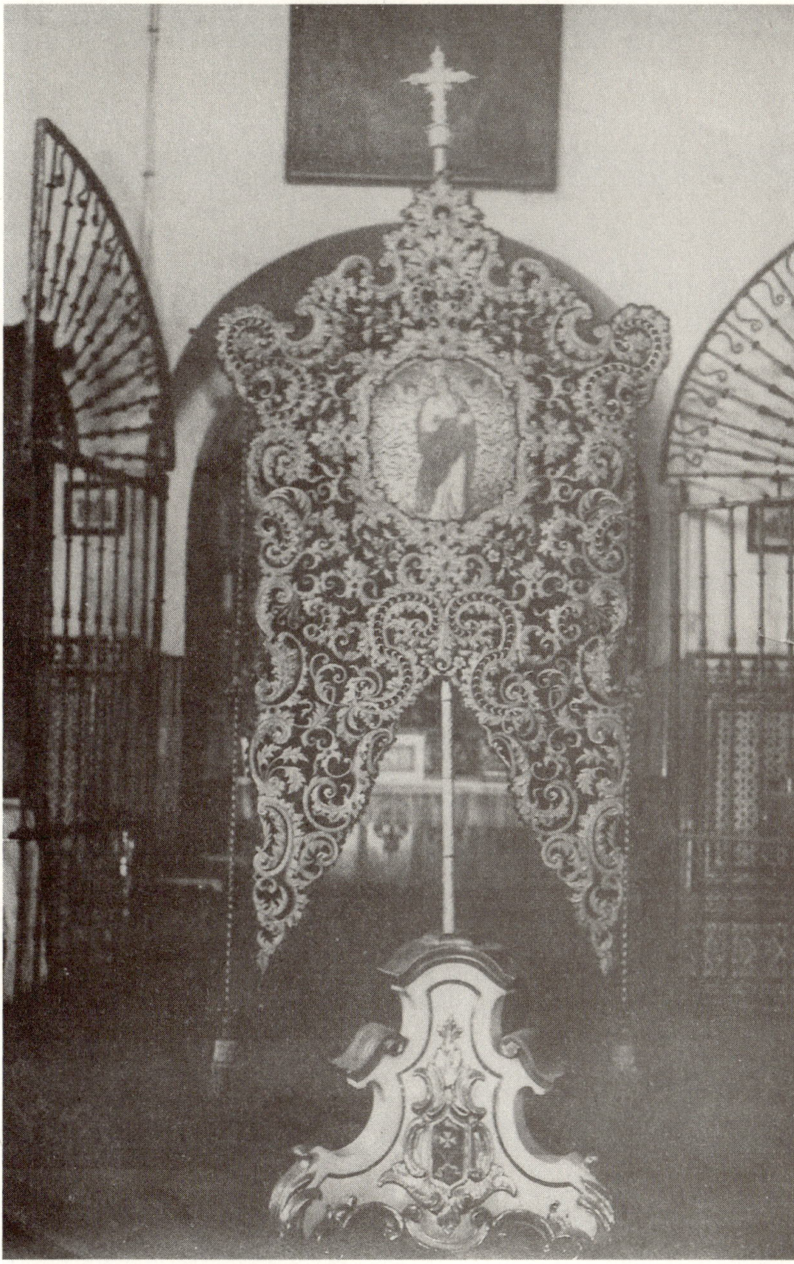

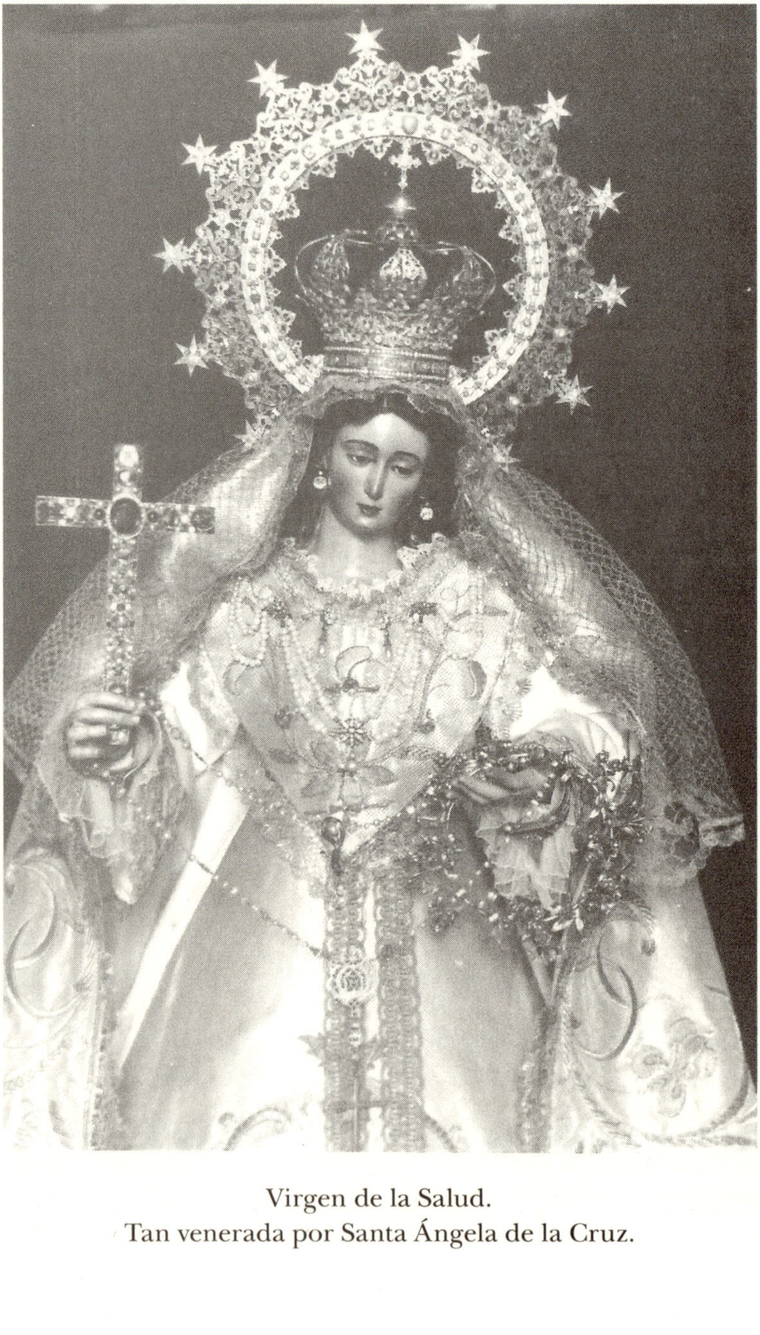

Virgen de la Salud.
Tan venerada por Santa Ángela de la Cruz.

CONTEMPLAR A MARÍA

Se puede entender a María sólo partiendo de Cristo. En el misterio de Cristo se encuentra a su Madre, la cual desempeña con Él y por Él la función materna con respecto a nosotros. El punto de salida es el Cristo descrito en la *Biblia*: no es aislado o celoso de la colaboración humana, creada y alimentada por Él mismo.

En efecto, María, a un Dios que le proponía un plan de infinita salvación, Ella responde ofreciendo todo *su ser* en completa colaboración. Pese a la humildad de su situación de *criatura,* María es un misterio de elección divina, de santidad, de *plenitud de gracia,* pero es también un misterio de fidelidad al plan de Dios.

María es la *sierva del Señor.* En otras palabras, si, por un lado, María fue el objeto de una específica predestinación de Dios, y, por eso, rodeada del Amor de redención y de santificación del Padre, por otro, en Ella se encuentra una completa respuesta de fe y de amor. En la actitud de María (el *Sí*) comprobamos la presencia, la plenitud de Gracia y la apertura a lo infinito sin obstáculos.

En María se realiza la perfecta coincidencia entre la *misión del Padre* y su *santidad única.* Ella logró acoger el Verbo de Dios en la fe y en la carne, y esto representa la más perfecta redención por *Gracia divina* que una criatura ha podido gozar jamás. María es el *punto de llegada* de la preparación milenaria de Israel para su Mesías (recordamos las profecías de Miqueas e Isaías) y el principio de la Iglesia.

La Misión de María y su presencia salvadora es deseada por Dios Padre, Dios Hijo, Dios Espíritu Santo, pero tiene que ser vista como parte del diseño de salvación ordenado para cada ser humano.

Los privilegios y los carismas de María, más que dignidades, son en realidad servicios para nosotros. Ella es el principio, pero también la personalidad tangible de la Iglesia, más bien: la realización de la Iglesia redimida.

María, Madre de la Gracia Divina, Madre del Redentor, es la *Madre*, la hermana de nuestra humanidad, es el *tipo* que cada uno de nosotros tendría que ser. Sólo en la Iglesia y para la Iglesia María sigue con su Misión de Gracia, de materna mediación ante el Padre para darnos las gracias necesarias a vivir la vocación cristiana recibida durante el bautismo.

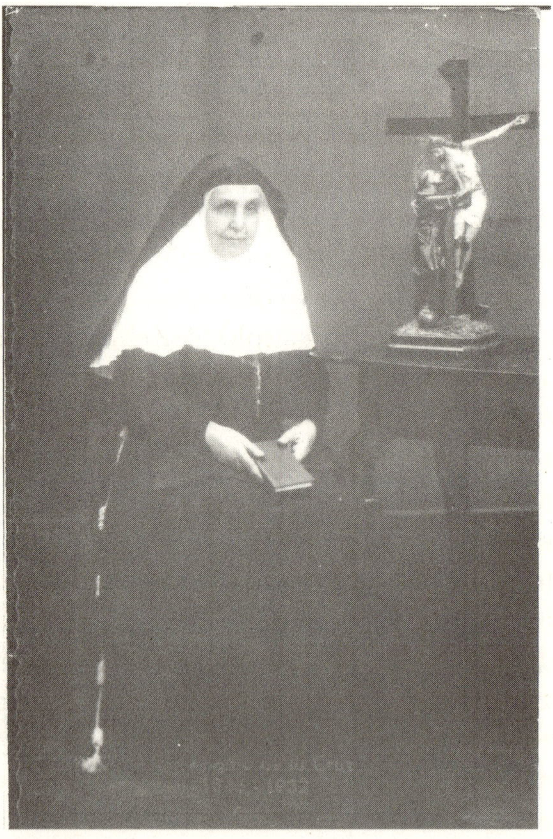

LA HERMOSURA DE MARÍA

La hermosura es el resplandor de la bondad y de la verdad. Por eso María es hermosa. Es hermosa en cuanto con corazón humilde y con palabra sincera acoge la voluntad de Dios y permite que el Espíritu de paz la posea; cuando en su vientre virginal se restablece la unidad entre Dios y el hombre, la tierra y el cielo; cuando con su sencillez y su humildad borra una antigua duplicidad y una loca soberbia.

María es hermosa también porque el Espíritu la libró de la dominación del pecado: el título de *Panagia, Toda santa,* típico de la tradición oriental, y el de *tota pulchra, Toda hermosa,* peculiar de la liturgia romana, indican la misma realidad y tienen la misma razón: en María no existe mancha de pecado alguno. María es «una obra maestra de hermosura humana, que no se busca sólo formalmente, sino se realiza en una intrínseca e incomparable capacidad de concretizar al Espíritu en la carne, al aspecto divino en el rostro humano, a la invisible Hermosura en una forma corpórea» (San Pablo VI).

Tal como Pablo ve en Jesús, «nacido debajo de la ley», al Hombre nuevo y al Señor de la gloria, así la Iglesia reconoce en María de Nazareth, una mujer humilde, a la Mujer nueva preparada por Dios para Cristo y la humanidad que engendró al Mesías, «nacido de mujer».

En Ella, en su gloriosa asunción, la Iglesia admira cumplirse su aspiración más íntima: la superación de la muerte en vida, y vislumbra el signo de una «esperanza accesible a todo el mundo» (San Pablo VI).

Esta imagen de la Virgen no es, como se lee alguna vez, una objetivación inconsciente de las aspiraciones profundas del ser humano, ni siquiera el resultado de una sistemática cristianización de los mitos paganos: es *icono* ideado por el Espíritu para enseñar a los hombres un don de Dios; es la prueba inteligible de la manera con la que Dios, que creó al hombre a su imagen, contesta a las necesidades del corazón humano; es, por fin, la transcripción de los datos de las *Sagradas Escrituras* con el lenguaje de la fe y de la poesía.

EL VERDADERO RETRATO DE MARÍA

Es importante notar que la *imagen de María* es un espejo, es decir, no retiene en sí misma la mirada o la palabra que a Ella se le dirige: las reenvía a la *imagen de Cristo*, a la *imagen de la Iglesia*, al divino Artífice; a Cristo, la sola concreta *imagen del Dios invisible*, la sola que realiza la perfecta armonía; a la Iglesia, porque la *imagen de María* es una anticipación de la *imagen de la Iglesia*, que Dios diseña y completa con el pasar del tiempo de salvación, y al divino Artífice, pues cada discípulo del Señor, acostumbrado a deducir la inefable hermosura del Creador de la hermosura de la creación, contemplando la arcana hermosura de María, aún más se mueve a glorificar la insondable hermosura de Dios. En María la *mujer real* y la *mujer ideal* coinciden.

El creyente, animado por la fe, contempla en María la realización de sus más altos ideales religiosos y humanos. En Ella, en su Inmaculada Concepción, ve a la humanidad restituida a la inocencia originaria y a la hermosura primigenia; en Ella, en su fidelidad a Dios, divisa la cumbre espiritual de Israel, la imagen de la Alianza no violada. En Ella, en su obediencia al Espíritu, admira el ideal del discípulo, mira la trama más pura del diálogo entre Dios y el hombre, la relación más armónica entre naturaleza y gracia.

En Ella, en su maternidad virginal, ve realizarse el ideal de la Esposa fiel, de la Virgen intacta, de la Madre fecunda;

admira la realización de una aspiración imposible: la unión del honor de la virginidad con la alegría de la maternidad, y se sorprende al ver realizado otro prodigio en el fruto de esa maternidad: Dios en el hombre y el hombre en Dios. En Ella, en su piedad de socorro, ve colmada la esperanza de cada hombre herido por el dolor o por el mal: la esperanza de encontrar el abrazo de la madre que lo acoja, lo entienda, lo redima.

La *via pulchritudinis*, la vía de la hermosura, para conocer mejor a María y promover la piedad mariana es una vía que requiere un severo compromiso ascético. No consiste en un ejercicio intelectual y no es un camino reservado sólo a los espíritus finos.

La *vía de la hermosura* es accesible a todo el mundo, incluso a las ánimas sencillas. Es una vía *filial*: los hijos, de hecho, según una costumbre de vida y por actitud de amor, descubren en su propia madre rasgos de hermosura profunda, que están escondidos a los otros.

La *vía de la hermosura* nos dirige a revaluar el lenguaje simbólico y la poética bíblica, nos educa a la mirada poética y al gusto artístico, inicia a la intuición y a la contemplación.

La *vía de la hermosura* contrasta con todo lo que es feo, repetitivo y fingido en los signos con los que expresamos nuestra piedad mariana: música y canto, esculturas e imágenes, palabras y escritos etc, que repiten lugares comunes creados para animar solamente un movimiento estéril y fugaz del sentimiento, contrario al estilo del Evangelio que exige una obra perseverante y concreta.

MARÍA EN EL MISTERIO DE CRISTO A LA LUZ DE LA *REDEMPTORIS MATER* DE SAN JUAN PABLO II

La perspectiva cristiana y mariana en este tercer milenio dirige la mirada de los cofrades y devotos hacia la Madre, que anticipó a la humanidad en el horizonte de la historia de la salvación. Esta *anticipación* de María respecto a la llegada de Cristo, cada año se refleja en la liturgia, en la piedad popular del Mes de Mayo, el *Mes de María*, rico en pregones, cantos populares y procesiones de Gloria; por lo tanto, junto a la Iglesia vamos a contemplar y celebrar como se preparan las glorias de la Madre del Redentor, así como lo expresó el Papa San Juan Pablo II, Karol Wojtila.

La primera adjetivación que define a María es *Llena de gracia*. María fue introducida definitivamente en el misterio de Cristo a través del acontecimiento de la anunciación del Ángel Gabriel que así la saluda, por aquella bendición con que el Padre nos bendijo en los cielos en Cristo (Ef. 1,3).

Se trata de una bendición es«piritual volcada en toda la humanidad por obra de Jesucristo, pero se refiere excepcionalmente a María, «la bendita entre las mujeres» (Lc. 1,42). María está llena de gracia porque, en la encarnación del Verbo, la unión hipostática del Hijo de Dios y la naturaleza humana, se realiza y se cumple precisamente en Ella.

En el plan de salvación de la Santísima Trinidad el misterio de la encarnación es el cumplimiento de la promesa hecha por Dios a los hombres después del pecado original: «El Señor Dios dijo a la serpiente: 'Yo pondré enemistad entre ti y la mujer, entre tu simiente y la simiente suya: ésta te herirá en la cabeza y tú le herirás en el calcañar'» (Gén. 3,15).

La victoria del Hijo de la mujer, Jesús, no se alcanzará sin una dura lucha que cruza toda la historia humana. María fue colocada en el centro de aquella enemistad, de aquella lucha que acompaña la misma historia de la salvación y redención del género humano.

Por su respuesta incondicional al plan de Dios es aclamada como *Dichosa la que ha creído*. María, justo después de la anunciación, animada por la caridad, se va a visitar a su prima Isabel, que la saluda: «¡Bendita tú entre las mujeres y bendito el fruto de tu vientre!» (Lc. 1,40-42), y «dichosa la que ha creído que se cumplirá lo que se le ha dicho de parte del Señor» (Lc. 1,45).

La plenitud de gracia, anunciada por el ángel, significa el don del mismo Dios; la fe, proclamada por Isabel, indica como la Virgen de Nazareth respondió a este don. El *fiat*, el sí, de María decidió por parte de los hombres el cumplimiento del misterio divino. María pronunció este *fiat* mediante la fe, y mediante la fe se abandonó a Dios sin reservas y se consagró totalmente a sí misma como *ancilla*, sierva del Señor, a la persona y a la obra de su Hijo. (vid. Lumen gentium, nº 56).

La fe de María en la anunciación es el principio de la Nueva Alianza, es el punto de inicio de donde empieza su itinerario hacia Dios, todo su camino de fe que se cumplirá con la obediencia a la palabra de revelación divina, incluso cuando el nacimiento de Jesús tuvo lugar en condiciones de pobreza extrema: «por no haber sitio para ellos en el mesón dió a luz a su Hijo en un establo y le acostó en un pesebre» (Lc. 2,7).

Al principio del itinerario de fe de María aparece Simeón, que, teniendo en los brazos al Niño, se dirige a la Madre con estas palabras: «Puesto está para caída y levantamiento de muchos en Israel, signo de contradicción», y añade refiriendose directamente a María: «y una espada atravesará tu alma» (Lc. 2, 34-35). Efectivamente, después de la visita y la adoración de los Reyes Magos (Mt. 2, 11), María, junto al Niño y a José, tiene que huir a Egipto porque Herodes estaba buscando al niño para matarlo (Mt. 2,13).

Después de la muerte de Herodes, cuando la Sagrada Familia vuelve a Nazareth, empieza el largo periodo de la *vida oculta* de Jesús, mientras la vida de María también está escondida con Cristo en Dios a través de la fe (cf. Col. 3, 3). María, la madre, está en contacto con la verdad de su Hijo sólo en la fe y mediante la fe.

Cuando María y José encuentran a Jesús de doce años en el Templo y le preguntan: «¿Por qué has obrado así con nosotros?» Jesús contesta: «¿No sabíais que es preciso que me ocupe de las cosas de mi Padre?» y el evangelista sigue: «Ellos no entendieron lo que les decía» (Lc 2, 48-50). Pues, María vivía el misterio de Cristo su Hijo sólo por medio de la fe, mientras que se cumplía en ella la bendición pronunciada por Isabel: «Dichosa la que ha creído».

Esta bendición logra la plenitud de su sentido cuando María está junto a la cruz de su Hijo (Jn. 19, 25) guardando devotamente su unión con Él, «sufriendo profundamente con su Unigénito y asociándose con ánimo materno al sacrificio de él, con amor conforme a la inmolación de la víctima generada por ella» (Lumen gentium, nº 58).

María había sido llamada a ser y se constituye en la Madre de Dios. Jesús, a la mujer que levantó la voz de entre la muchedumbre y que, dirigiéndose a él dijo: «Dichoso el seno que te llevó y los pechos a los que mamaste» (Lc. 11, 27), le contestó: «Más bien dichosos los que oyen la palabra de Dios y la guardan» (Lc. 11, 28).

Jesús quiere distraer la atención de la maternidad considerada sólo un vínculo de la carne, para orientarla hacia aquellos misteriosos *vínculos del espíritu* que se originan cuando se escucha y se observa la palabra de Dios: «Mi madre y mis hermanos son los que oyen la palabra de Dios y la ponen por obra» (Lc. 8, 20-21).

Sin duda alguna María es digna de bendición por el hecho de que se convirtió en Madre de Jesús mediante la carne, pero aún más porque con la anunciación acogió la palabra de Dios, porque creyó en ella, porque fue obediente a Dios, porque guardaba y meditaba la palabra en su corazón (cfr. Lc. 1, 38. 45; 2, 19. 51).

Si por la fe María se convirtió en engendradora del Hijo que le fue donado por el Padre con la potencia del Espíritu Santo, conservando su virginidad intacta, en la misma fe Ella descubrió y aceptó la otra dimensión de la maternidad, desvelada por Jesús durante su misión mesiánica. María Madre se hacía así, en cierto sentido, la primera discípula de su Hijo.

En este sentido es muy significativo el pasaje del Evangelio que nos presenta a María, la Madre de Jesús, en las Bodas de Caná. Durante el acontecimiento de Caná se perfila de manera bastante clara la nueva dimensión, el nuevo sentido de la maternidad de María, es decir su *preocupación para los seres humanos...*, es la auxiliadora potente.

María se interpone entre su Hijo y los hombres en la cotidianidad de sus necesidades, indigencias y dolores, se presenta como mediadora no en forma de persona ajena, sino en su papel de madre, consciente de que, siendo tal, puede, más bien, tiene el derecho, de relatar a su Hijo las necesidades de los hombres. Pues su mediación tiene un rasgo de intercesión para librar a los seres humanos del mal que en formas y medidas distintas agobia sus vidas, tal como el profeta Isaías predijo acerca del Mesías, y Él mismo lo predicó de sí: «El Espíritu del Señor [...] me ungió para evangelizar a los pobres; me envió a predicar a los cautivos la libertad, a los ciegos la recuperación de la vista [...]» (Lc. 4, 18).

La Madre de Cristo se presenta delante de los hombres en este episodio de su Hijo como portavoz de su voluntad: «Haced lo que Él os diga» (Jn. 2, 5). En Caná María cree en Jesús: su fe provoca el primer *signo* y contribuye a que nazca la fe de los discípulos, Pedro, Santiago y Juan (Jn. 2, 11).

La función de la maternidad de María en el plan de salvación de la gracia tiene su momento más importante y dramático cuando se cumple el sacrificio de la *Cruz*, el misterio pascual de Cristo: «Estaban junto a la cruz de Jesús su Madre y la hermana de su Madre, María de Cleofás, y María Magdalena. Jesús viendo a su Madre y al discípulo a quien amaba, que estaba allí, dijo a la Madre: Mujer, he ahí a tu hijo; Luego dijo al discípulo: He ahí a tu Madre. Y desde aquella hora el discípulo la recibió en su casa» (Jn. 19, 25-27). Es decir, en su corazón.

Sin duda, en este acontecimiento se reconoce la expresión de singular afecto del Hijo para la Madre, que Él dejaba enmedio de un enorme dolor; sin embargo, el testamento de la Cruz de Cristo evidencia un vínculo nuevo entre Madre y Hijo, al tiempo que ratifica uno establecido entre Ella y la Iglesia.

Así, María es proclamada como Madre de la humanidad. Ahora se aclara y se define: la Madre de Cristo no es sólo la madre de Juan, sino de todos y de cada ser humano, pues Cristo en la cruz se inmola por la redención del mundo.

La maternidad universal de María es el fruto del amor que definitivamente maduró en Ella junto a la cruz, mediante su participación en el amor infinito de redención de su Hijo. Además, es significativo el hecho de que Jesús, dirigiéndose a su Madre, la llame *mujer* y le diga: «Mujer, he ahí a tu hijo», es decir, con el mismo término con que la nombró en Caná.

El misterio de la redención de Cristo, en efecto, encuentra su raíz cuando asumió de la carne de María la naturaleza humana para librar al hombre del pecado, mediante los misterios de la carne de Cristo (cf. Lumen gentium, nº 55).

Las palabras que Jesús pronunció desde la cruz significan que la maternidad de su Madre encuentra una *nueva* prolongación *en la Iglesia y mediante la Iglesia*, simbolizada y representada por Juan. Aquella que es presente en el misterio de Cristo como madre, por voluntad del Hijo y por obra del Espíritu Santo, existe en la Iglesia con su presencia materna, tal como indican estas palabras: «Mujer, he ahí a tu hijo»; «he ahí a tu Madre».

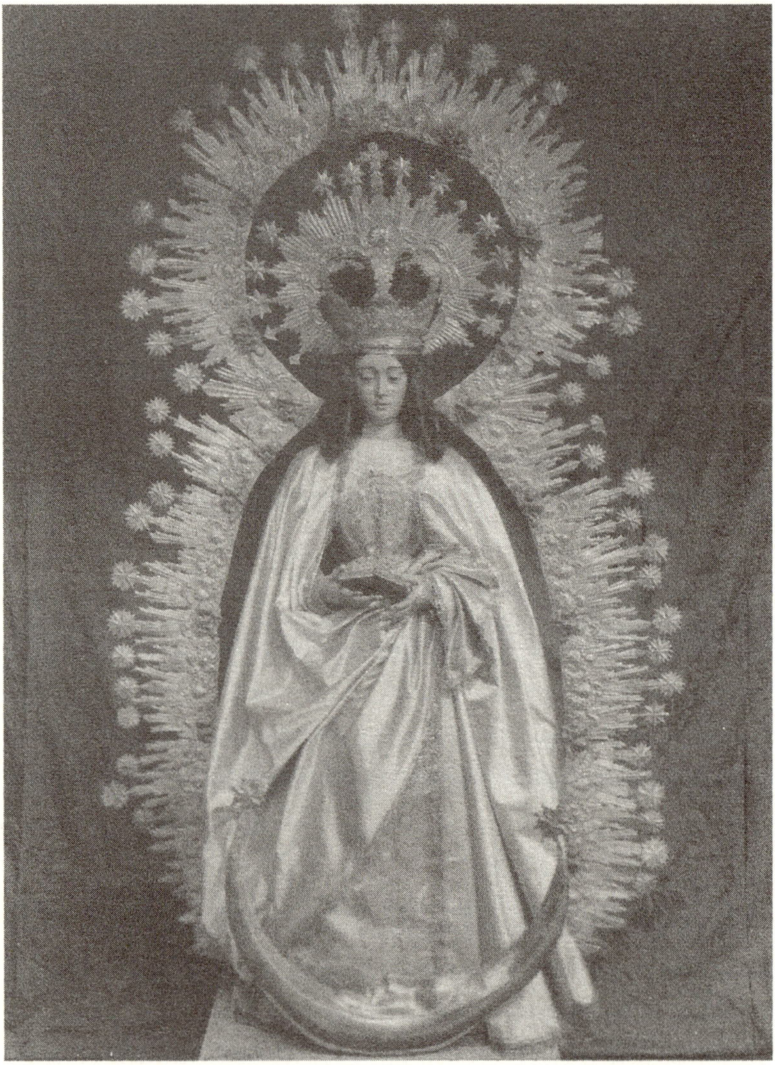

La Inmaculada Concepción. Venerada en la Iglesia conventual de San Buenaventura. Por su belleza llamada desde siempre La Sevillana (siglo XVII)

LA MADRE DE DIOS EN EL CENTRO DE UNA IGLESIA EN CAMINO

El Concilio Vaticano II trata de la Iglesia en camino, estableciendo una similitud con Israel de la Antigua Alianza en camino a través del desierto. El camino desempeña también un papel exterior, visible durante el tiempo y en el espacio en el cual históricamente se desarrolla.

Sin embargo, el carácter esencial del peregrinaje de la Iglesia es interior: en otras palabras, se trata de un *peregrinaje mediante la fe* en nombre de la virtud del Señor resucitado y del Espíritu Santo, enviado a la Iglesia cual invisible pero operante *Abogado* (cf. Jn. 14, 26; 15, 26; 16, 7).

Precisamente, durante este camino-peregrinaje a través del espacio y del tiempo, aún más, a través de la historia de las almas, María está presente, como la que es *dichosa porque ha creído,* como la que avanza en el peregrinaje de la fe, participando como ninguna otra criatura en el misterio del Cristo.

El día de Pentecostés empieza el camino de fe de la Iglesia, (recordamos por un momento el camino simbólico hacia el Rocío) el peregrinaje de ésta por la historia de los hombres y de los pueblos, contando con la presencia de María que se halla con los apóstoles en el cenáculo, como maestra de oración, Ella que la *llena de Gracia,* e «implorando con sus ruegos el don del Espíritu Santo» (Lumen gentium, nº 59).

Antes de volver al Padre, Jesús se dirige a los apóstoles: «el Espíritu Santo vendrá sobre vosotros, y seréis mis testigos [...] hasta los confines de la tierra» (Hech. 1, 8). Es verdad que María no recibió directamente esta misión apostólica; no estaba entre aquellos que Jesús enviaba alrededor del mundo para evangelizar a todas las gentes (cf. Mt. 28, 19).

Pero estaba en el cenáculo, donde los apóstoles se preparaban para recibir esta misión con la llegada del Espíritu de verdad. Entre ellos, María, Madre del divino amor, perseveraba en la oración, como *madre de Jesús* (Hech. 1, 13-14), es decir del Cristo crucificado y resucitado.

La primera congregación de todos los creyentes que miran a Jesús como autor de la salvación (Lumen gentium, nº 9), era consciente de que Jesús era Hijo de María, que ella era su madre y siendo tal, desde la concepción hasta el nacimiento, era un *testigo especial* del misterio de Jesús, aquel misterio que delante de sus ojos se había manifestado y confirmado mediante la Cruz y la Resurrección. Pues, desde el primer momento, la Iglesia *miró* a María a través de Jesús, tal como *miró* a Jesús a través de María.

Aquellos que en cada generación, entre pueblos y naciones diferentes de la tierra, acogen con fe el misterio de Cristo, Verbo encarnado y Redentor del mundo, no sólo veneran a María y se dirigen a Ella con confianza como si fuera su propia madre, sino buscan en la fe de Ella el apoyo para su propia fe. Por eso, en cierto modo la fe de María, según el testimonio apostólico de la Iglesia, coincide continuamente con la fe del pueblo en camino.

María Santísima, por tanto, está *presente en la misión y en la obra de la Iglesia*, que introduce en el mundo el Reino de su Hijo, al cual se dejaron en herencia los pueblos, al cual el Padre donó el trono de David, su padre, y «reinará en la casa de Jacob por lo siglos, y su reino no tendrá fin» (cf. Lc. 1, 33).

Esta presencia de María hoy en día encuentra muchas maneras de expresión como en toda la historia de la Iglesia. Además, tiene un multiforme radio de acción: mediante la fe y la piedad de cada uno de los fieles, mediante las tradiciones de las familias cristianas, *iglesias domésticas*, de las comunidades parroquiales y misioneras, de los institutos religiosos, hermandades de las diócesis, mediante la fuerza atractiva e iluminante de los grandes santuarios, en los cuales no sólo individuos o grupos locales, sino también naciones enteras y continentes buscan el encuentro con la Madre del Señor (como Lourdes o Fátima), con aquella que es *dichosa porque ha creído*, que es la primera de los creyentes y por eso se convirtió en Madre de Emmanuel.

El camino de la Iglesia, sobre todo en nuestra época, está marcado por el signo del *ecumenismo*. Los cristianos saben que se encontrará de nuevo la verdadera unidad sólo cuando se apoyen en la unidad de una misma fe. Éstos tienen que solucionar serios contrastes doctrinales sobre el misterio y el ministerio de la Iglesia y, algunas veces, también sobre la función de María en el plan de salvación.

Es un buen auspicio que todas las confesiones cristianas de Occidente estén de acuerdo con la Iglesia Católica, así como con las Iglesias orientales, en temas fundamentales de la fe cristiana y en el asunto de María también. Éstas, de hecho, reconocen a María como *Madre del Señor* y creen que esto es parte de nuestra fe en Cristo, verdadero Dios y verdadero hombre. Estas miran a María que junto a la Cruz acoge como su hijo al querido discípulo, que mutuamente la acoge como su madre.

La iglesia Católica, la Iglesia Ortodoxa y todas las antiguas Iglesias orientales están profundamente enlazadas por el amor y la devoción a la *Theotókos*, la Madre de Dios, especialmente las tradiciones coptas y etiópicas y de la Iglesia siríaca.

En la liturgia bizantina, en todas las horas del Divino Oficio, el elogio de la Madre se une al elogio del Hijo, y al elogio que, por medio del Hijo, se eleva hacia el Padre en el Espíritu Santo. Una tal riqueza de elogios, acumulados por las distintas formas de la gran tradición de la Iglesia, podría facilitar que ésta vuelva a respirar con sus «dos plenos pulmones»: el Oriente y el Occidente. Maravillosa son las palabras que componen el antiguo himno *Akáthistos*.

En María se experimenta *la misericordia de Dios en el camino de la Iglesia*. Cuando Isabel la saluda, María contesta con un cántico: «exulta de júbilo mi espíritu en Dios, mi Salvador, porque ha mirado la humildad de su sierva. Su misericordia se derrama de generación en generación sobre los que temen [...] Ensalzó a los humildes, a los hambrientos los llenó de bienes.» (Lc. 1, 44 ss.)

Dios, creando, dona la vida a toda la realidad. Creando al hombre le dona la honra de la *imagen* y de la *semejanza* con su figura, de modo completamente diferente con respecto a las otras criaturas, y tanto Dios amó al mundo que, pese al pecado del hombre, se dona encarnándose en el Hijo (Jn. 3, 16).

La Iglesia, siguiendo a Jesús que dijo sobre sí mismo: «Dios me envió para evangelizar a los pobres» (Lc. 4, 18), también intenta cumplir con la misma misión de generación en generación. En el tercer milenio el camino de la Iglesia requiere un esfuerzo nuevo para su misión.

La predilección por los pobres está descrita maravillosamente en el cántico de María que: «engrandece al Señor» porque su *misericordia* se derrama de generación en generación, «derriba a los potentados de sus tronos, ensalza a los humildes, a los hambrientos los llenó de bienes». Por ello, la Iglesia es consciente, y en nuestra época esta conciencia se consolida aún más, que hay que proteger la importancia de los *pobres*, entendidos como los que sufren cualquier tipo de carencia material o espiritual, y la predilección que éstos tienen en la palabra del Dios viviente.

María, totalmente dependiente de Dios y completamente orientada hacia Él por el impulso de su fe, es el icono más perfecto, al lado de su Hijo, de la libertad y de la liberación de la humanidad y del cosmos. La Iglesia, que ve a María como madre y modelo, tiene que mirar a Ella para comprender completamente el sentido de su propia misión.

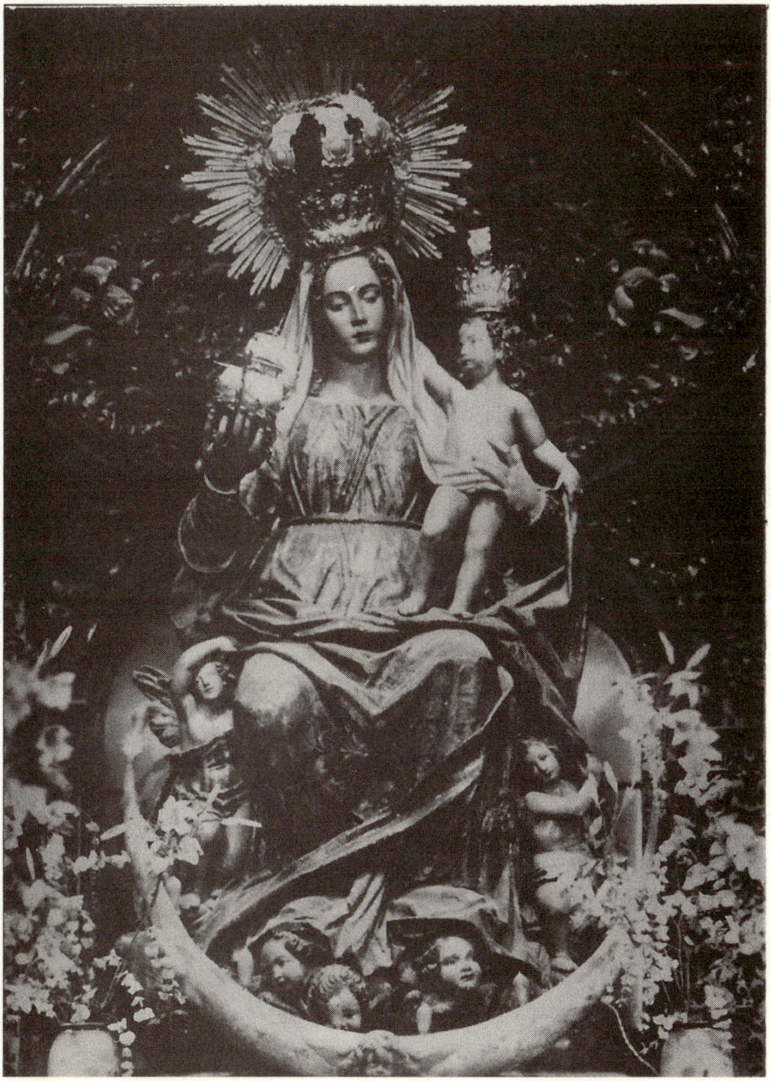

Virgen de los Buenos Aires. Capilla del Palacio de San Telmo, que anteriormente fue el Colegio Seminario de la Universidad de Mareantes.

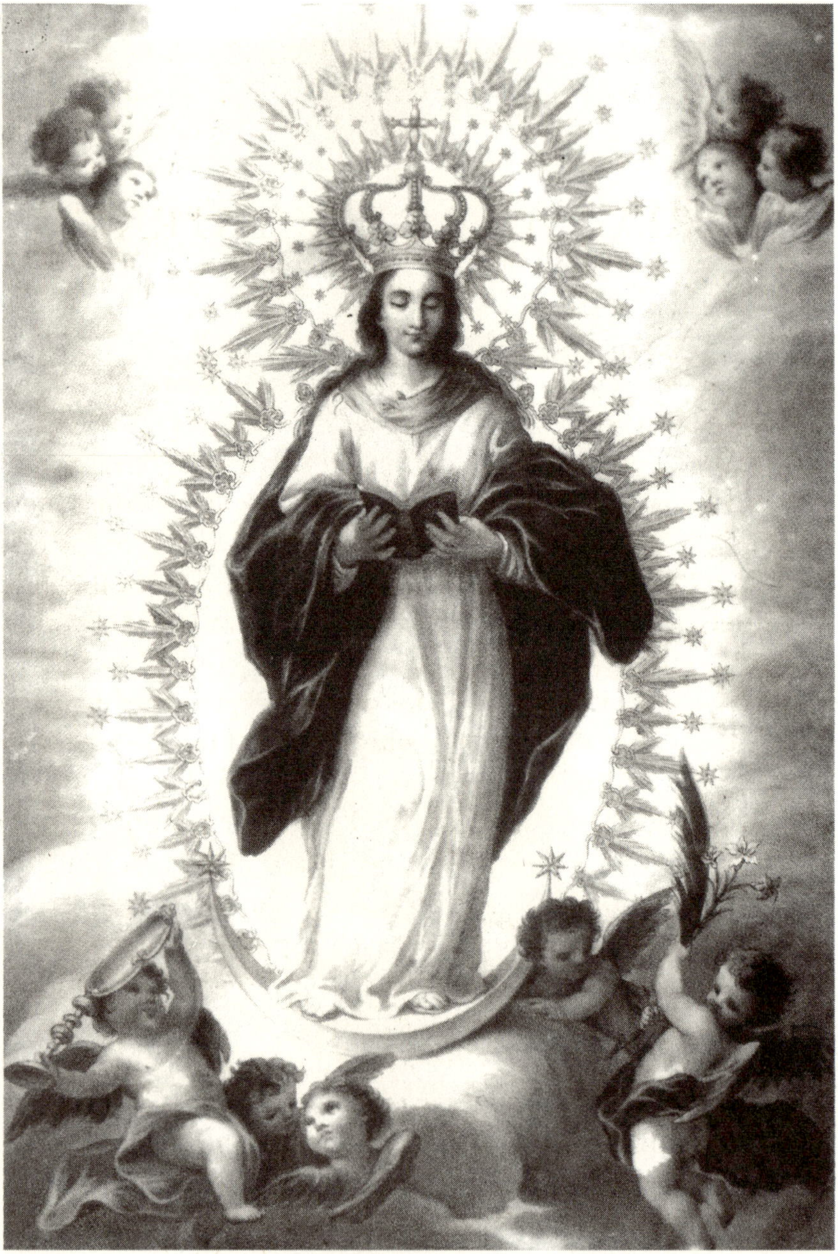

Grabado del siglo XVIII de *La Sevillana*.

MARÍA, PILAR DE NUESTRA FE

De la Virgen decimos que es *Auxilio de los Cristianos*, pero ¿qué significa esa frase? En este caso, quizá, lo importante está en el sujeto que se beneficia del auxilio. No se refiere a cualquiera, sin que eso signifique que María no pueda ayudar a todos los hombres que le imploren. Significa que los cristianos son los primeros beneficiarios de su maternal ayuda. Ahora bien, ¿cómo auxilia a los cristianos, en qué les ayuda?

Para contestar a estas preguntas voy a contar una de las historias marianas más hermosas de las que constituyen el patrimonio cultural y devocional español. Me refiero a la de Santiago y la Virgen del Pilar de Zaragoza. Es sabido que, según la tradición, Santiago el de Zebedeo, apodado por el propio Cristo *Boanerges*, «Hijo del Trueno», después de Pentecostés empezó pronto su misión apostólica evangelizadora por Occidente, y llegó hasta la Hispania Romana, con el objetivo de predicar el Evangelio en los confines del mundo conocido, en el Finisterre, el «Fin de la Tierra». También es sabido que Santiago fracasó rotundamente y que, totalmente desanimado, decidió regresar a Jerusalén.

Estando en Cesaraugusta, la actual Zaragoza, a orillas del Ebro, quizá ya con todo preparado para volver al extremo opuesto del Mediterráneo, embarcando en Tortosa hacia Israel, la Virgen se le apareció. Esta aparición mariana (la primera en la historia), que tuvo la singularidad de producirse sobre una columna, sobre un antiguo pilar romano, fue decisiva para el apóstol cansado y, como consecuencia, para la evangelización de una tierra, la española, que quedará marcada por la intervención de la Virgen, y que, andando el tiempo, pasará a ser designada en el Orbe católico como la *Tierra de María.*

La aparición de la Virgen en el Pilar, en Zaragoza, junto al Ebro, para devolver la fuerza al derrotado y desalentado apóstol, es una de las apariciones de Nuestra Señora (en este caso propiamente bilocación) más significativa. Ella interviene para ayudar. No es María, en este caso, la que promete la salud o la que viene a consolar al que sufre. Es la que dice: «Aquí estoy, soy tu Madre, tu columna de descanso, soy tu punto de apoyo; descarga en Mí tus temores, Hijo. Apóyate en mí y vuelve a empezar». Lo más original de la aparición fue que se dirigió a un evangelizador fracasado y se ofreció como ayuda no para consolarle sino para que volviera a comenzar la obra de evangelización.

Ella es auténtica fuerza y auxilio en el camino de la fe. Ella nos ayuda a ser seguidores de su Hijo, imitadores de Jesús, amantes de Dios. La pequeña Pilarica es de verdad la gran heroína de la causa de la evangelización. Acudamos hermanos a la Estrella de la Evangelización, a la del Milagro de Calanda, hoy otra vez estudiado por los historiadores y teólogos, pidiéndole que colabore con nosotros en la difícil tarea del testimonio cristiano cotidiano.

LA MEDIACIÓN MATERNA DE MARÍA

La misión materna de María hacia los hombres, de ninguna manera oscurece ni disminuye esta única mediación de Cristo, sino más bien muestra su eficacia. Cada influjo salvífico de la Santísima Virgen en favor de los hombres nace del Divino beneplácito y de la superabundancia de los méritos de Cristo; se apoya en su mediación, de ella depende totalmente y de la misma saca toda su virtud: lejos de impedirla, fomenta la unión inmediata de los creyentes con Cristo (cf. Lumen gentium, nº 60).

La *mediación de María es directamente vinculada a su maternidad,* tiene un rasgo específicamente materno que la diferencia de las otras criaturas que, aunque de manera siempre subordinada, participan a la única mediación de Cristo (cf. I Tim. 2, 5-6).

Esta función de María es excepcional y extraordinaria porque nace de su divina maternidad y puede ser entendida y realizada en la fe sólo basándose en la completa verdad de esta maternidad. Esta función constituye una dimensión real de la presencia de María en el misterio de salvación de Cristo y de la Iglesia.

El primer momento de la subordinación a la única mediación de Cristo entre Dios y los hombres, es la aceptación de la maternidad por parte de María Santísima. María da su consentimiento a la elección de Dios, para convertirse en Madre del Hijo de Dios por obra del Espíritu Santo. Se puede decir que esta aceptación de la maternidad es, sobre todo, el fruto de su completa donación a Dios en la virginidad. María se convirtió no sólo en la *madre-nodriza* del Hijo del hombre, sino también en «la generosa colaboradora en forma singular» del Mesías y del Redentor hasta los pies de la Cruz (Lumen gentium, nº 61). La mediación de María es además excepcional y extraordinaria porque está fundada en la plenitud de gracia, que significaba la completa disponibilidad de la *esclava del Señor.*

Entre María, destinada cual madre por su Hijo en la Cruz, y la Iglesia naciente se formó un *vínculo especial que perdura* sin cesar en la economía de la gracia hasta la consumación perfecta de todos los elegidos (cf. Lumen gentium, nº 62).

María, con la Asunción, contribuye de manera extraordinaria a la unión de la Iglesia peregrina con la realidad escatológica y celeste de la comunión de los santos. Cumplido el misterio de la Asunción al Cielo, todos los efectos de la única redención de Cristo Redentor del mundo y Señor resucitado se realizaron definitivamente en María: «todos revivirán en Cristo, cada uno según el orden que le corresponde: Cristo, el primero de todos, luego, aquellos que estén unidos a él en el momento de su Venida» (I Cor. 15, 22-23).

María, íntimamente unida a Cristo en el momento de su venida siendo *madre-virgen,* es con Cristo y de modo subordinado a Él, la primera de los resucitados. Junto a su Hijo «siempre vivo para interceder en nuestro favor» (cf. Hebr. 7, 25), es «ensalzada en el cielo sobre todos los bienaventurados y los ángeles en la comunión de todos los santos, intercede ante su Hijo para que las familias de todos los pueblos sean felizmente congregados en un solo Pueblo de Dios, para gloria de la Santísima Trinidad» (Lumen gentium, nº 69).

Así, María, la Madre de Dios, es tipo de la Iglesia en el orden de la fe, de la caridad y de la perfecta unión con Cristo (cf. Lumen gentium, nº 63), y está presente en el medio de la Iglesia peregrina mediante la fe y cual ejemplo de esperanza que no defrauda (cf. Rom. 5, 5). Por todas estas razones María es honrada con especial culto por la Iglesia (cf. Lumen gentium, nº 66). Este culto es del todo singular: contiene en sí mismo y manifiesta aquel *vínculo profundo que existe entre la Madre de Cristo y la Iglesia.*

Siendo madre y virgen, María es para la Iglesia un perpetuo ejemplo: la Iglesia también es nombrada, en efecto, madre y virgen. La Iglesia misma es hecha Madre por la palabra de Dios fielmente recibida: en efecto, por la predicación y el bautismo, engendra para la vida nueva e inmortal a los hijos concebidos por el Espíritu Santo y nacidos de Dios. Y también ella es virgen que custodia pura e íntegramente la fe prometida al Esposo (cf. Lumen gentium, nº 64).

Además, la Iglesia guarda la fe recibida por Cristo. Basándose en el modelo de María, que guardaba y meditaba en su corazón todo lo que se refería a su Hijo divino, (cf. Lc. 2, 19.51), la Iglesia se compromete a salvaguardar la palabra de Dios, a buscar las riquezas con juicio y ponderación, para atestiguarla fielmente delante de todos los hombres en cada época.

María es madre de la Iglesia y con amor de madre colabora a la regeneración y a la educación de los hijos y de las hijas de la madre Iglesia. Es una maternidad ordenada según la Gracia, porque María implora el don del Espíritu Santo que levanta hacia Dios a los hijos nuevos, redimidos mediante el sacrificio de Cristo, cada día evocado en la Eucaristía.

La maternidad de María es principalmente considerada y celebrada por el pueblo cristiano en el *sagrado convite,* durante el cual Cristo participa en cuanto cuerpo verdadero nacido de la Virgen María. Por esa razón, la piedad del pueblo cristiano siempre ha reconocido un íntimo vínculo entre la devoción a la Virgen Santa y el culto de la Eucaristía: María conduce a los fieles a la Eucaristía.

Es muy importante, hablando de la *maternidad,* referirse a la persona: la maternidad, de hecho, define siempre *una relación única e irrepetible entre dos personas,* aunque una misma mujer es madre de muchos hijos. Cada hijo es engendrado de modo único e irrepetible, y ésto vale para la madre y para el hijo.

Desde esta perspectiva se entiende mejor por qué Cristo en la Cruz habla en singular: «He ahí a tu hijo»; la maternidad de María es un don que Cristo hace personalmente a cada hombre. Jesús entrega a María a Juan en cuanto entrega a Juan a María (Jn. 19, 27). Entregarse es la respuesta al amor de una persona y, sobre todo, es la respuesta al amor de la madre.

El cristiano, entregándose a María, tal como el apóstol Juan, «recibe en su casa» (Jn. 19, 27) a la Madre de Jesús y la introduce en el espacio de su vida interior, e intenta entrar en el radio de acción de aquel amor materno con que la Madre del Redentor cuida de los hermanos de su Hijo (cf. Lumen gentium, nº 62), colaborando a su regeneración y educación (cf. Lumen gentium, nº 63). Esta relación filial con María no sólo empieza a partir de Cristo, sino se puede afirmar que se dirige directamente hacia Él: «Haced todo lo que él os diga» (Jn. 2, 5).

Igualmente, la *dimensión mariana de la vida cristiana adquiere un carácter peculiar en relación a la mujer* y a su misión. La mujer, mirando a María, encuentra en ella el secreto para vivir con dignidad su feminidad y realizar su verdadera promoción. Mediante la luz de María, la Iglesia lee en el rostro de la mujer los reflejos de una hermosura que es el espejo de los sentimientos más altos que el hombre pueda sentir; la fuerza que soporta los dolores más grandes; la capacidad de conciliar la sutil intuición con la palabra de solidaridad y del patrocinio.

El vínculo especial entre la humanidad y la Madre de Dios requiere que se subraye la especial presencia de María en el misterio de Cristo y de su Iglesia. Se invita a la Iglesia no sólo a recordar todo lo que en su pasado testimonia la cooperación peculiar y materna de la Madre de Dios para encontrar la salvación en Cristo, sino, también, a preparar, por su parte, las futuras vías de esta cooperación.

El tercer milenio cristiano se abre con una nueva perspectiva en la cual se celebra también el primer milenio del cristianismo en Rusia. Cuando María anunciaba a los videntes de Fátima desgracias inminentes en el mundo, animaba a todos, a través de ellos, a la penitencia, a la oración, tranquilizándolos así: «Finalmente mi corazón triunfará». Los acontecimientos en los países de la Europa Oriental aparecieron como *signos de los tiempos,* tiempos del Corazón de María y del Reino de Jesús, Reino de verdad, justicia, libertad, amor y paz.

Roguemos a Dios omnipotente y misericordioso para que, mediante la mediación de la Madre del Redentor, se realize la palabra profética del Papa San Juan XXIII, que, anunciando la convocación del Concilio Vaticano II, dijo: «En el presente momento histórico la Providencia nos está guiando a un nuevo orden de relaciones que, por obra de los hombres y por acontecimientos que van más allá de sus expectativas, se dirigen hacia el cumplimiento de planos superiores e inesperados: todas, las adversidades humanas tambièn, se predispone para el mayor bien de la Iglesia».

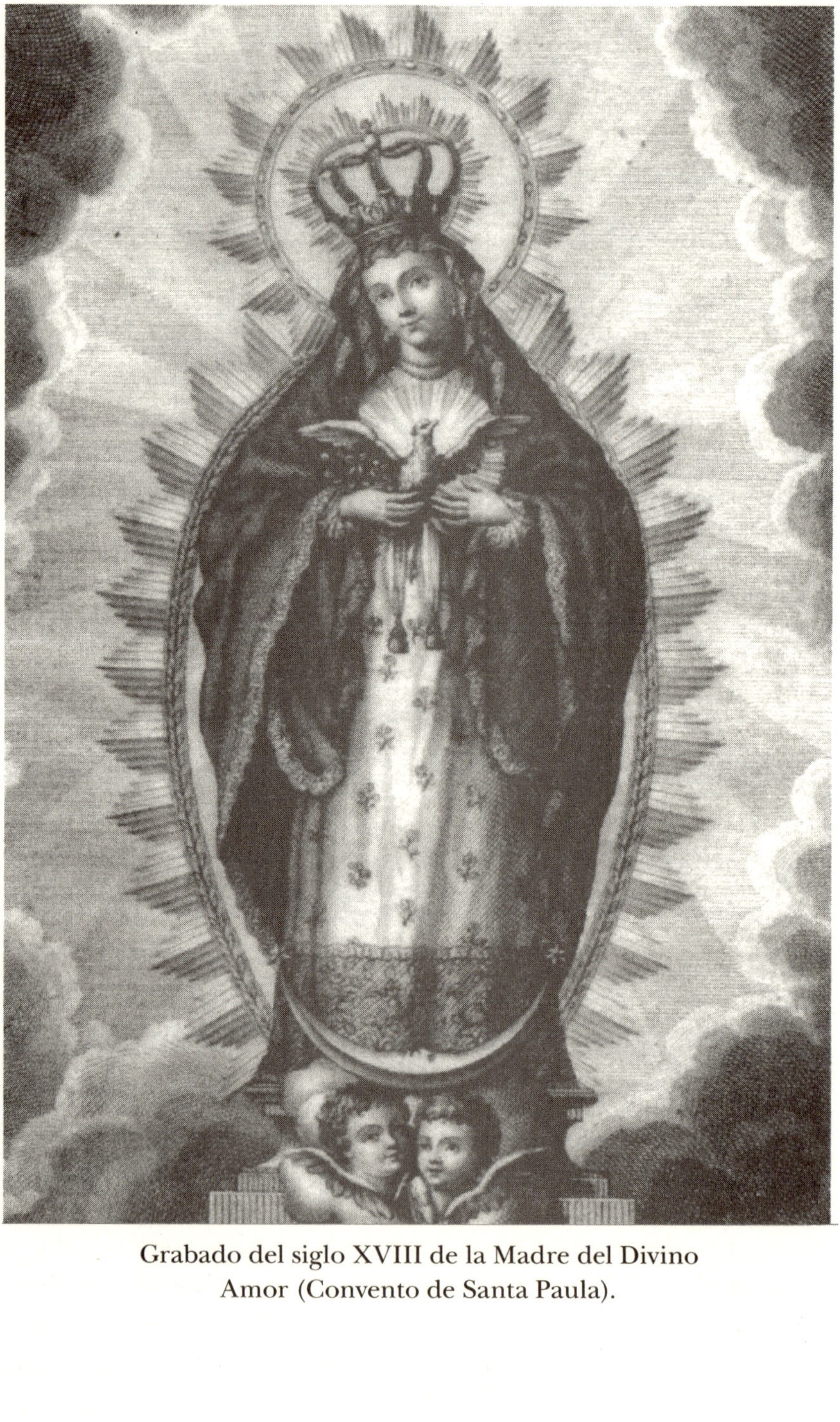

Grabado del siglo XVIII de la Madre del Divino Amor (Convento de Santa Paula).

EL CULTO A MARÍA A LA LUZ DE LOS DOCUMENTOS DEL VATICANO II

El ya citado capítulo VIII de la constitución Lumen Gentium, como hemos ya comentado, está subdividido, a su vez, en cinco partes, la cuarta de las cuales está titulada como *El culto a la Bienaventurada Virgen María en la Iglesia.* Ésta comprende dos únicos párrafos: los números 66 y 67, que llevan como subtítulo respectivamente: *Naturaleza y fundamento del culto* (nº 66) y *Normas pastorales* (nº 67).

En estos dos breves textos los padres conciliares afrontan una temática de gran importancia y relevancia. En primer lugar, se afirma el *culto especial* que la Iglesia justamente reserva a María, técnicamente llamado de *hiperdulía,* «por ser la Madre de Dios presente en los misterios de Cristo, exaltada por gracia de Dios, más abajo del Hijo, sobre todos los ángeles y los hombres».

En tal sentido, la razón del culto mariano se basa en la participación de la Virgen en el misterio de Cristo, y en tanto Ella se asocia a título particular a este misterio, la Iglesia le reconoce un puesto único en la comunión de los santos.

El texto se propone alejar el verdadero culto mariano de cualquier desviación idólatra y paganizante, siguiendo el ejemplo de la Iglesia primitiva, que, en la atribución de nombres a la Virgen, se mantenía lejana del riesgo de asimilaciones a la mitología de la *Gran Madre,* rebosante de fecundidad.

Por este motivo los escritores eclesiásticos prefirieron hablar de María como la *Theotókos*, la *Deipara* o la *Dei Genitrix*, que ha dado vida al Hijo según la naturaleza humana.

La agudeza, por tanto, del documento es la de impedir toda tentación de divinización de la figura de María, reconociéndole, sin embargo, una preeminencia en el misterio del Hijo. Como explicación a lo que estamos diciendo está la cita del texto conciliar del Vaticano II sobre liturgia, la *Sacrosanctum Concilium*, en el nº 103, que constituye una síntesis de cuanto se puede decir sobre el culto a María en la Iglesia, y que presenta el verdadero culto mariano con relación al misterio de Cristo celebrado en el año litúrgico: «En la celebración del ciclo anual de los misterios de Cristo, la Santa Iglesia venera con especial amor a la Bienaventurada Virgen María, Madre de Dios, unida indisolublemente a la obra salvífica de su Hijo; en María se maravilla y exalta el fruto más excelso de la Redención, y en Ésta contempla con alegría, como en una imagen purísima, aquello que ella toda desea y espera ser».

En cuanto a una síntesis histórico-litúrgica del culto eclesial a María, es notable que su llegada oficial estuvo determinada por dos hechos históricos: el nacimiento de las fiestas de la Natividad del Señor en el siglo IV, tanto en Oriente como en Occidente, y la definición del Concilio de Éfeso sobre la divina maternidad de María (año 431).

El culto litúrgico a María, por tanto, nace en la Iglesia después de haberse iniciado la celebración de los grandes misterios de la Encarnación y en consecuencia de ello. La Iglesia de los primeros siglos organizó en principio toda su liturgia en torno al *Día del Señor*, prolongación de la Pascua anual. Y en esta primera fase los únicos que fueron honrados con culto público fueron los *mártires* cabe sus sepulcros, aquellos que literalmente vertieron la sangre por Cristo.

Es comprensible, entonces, ya desde estos pequeños signos, por qué el culto litúrgico oficial en la Iglesia a María históricamente fue posterior al de los mártires. Desde el punto de vista histórico y teológico, por consiguiente, la mirada del fiel fue orientada hacia Jesús desde la Iglesia y, precisamente, desde Jesús, considerando el inicio de su itinerario salvífico, hacia una atención gradual a María su Madre.

La conocida fórmula acuñada por la moderna devoción mariana, *Ad Jesum per Mariam*, sería, por tanto, corregida en cuanto al desarrollo histórico en la fórmula inversa, *Per Jesum ad Mariam*. Sería mejor afirmar, integrando las dos diferentes posiciones, que «a través de Cristo llegamos a María, y a través de María llegamos de nuevo a Cristo», según la intuición teológica expresada, de modo sorprendente, por el teólogo protestante contemporáneo Meinhold (+1851).

El texto conciliar prosigue sacando a colación la oración más antigua en honor de la Virgen, bien conocida por nosotros por *Sub tuum praesidium* («bajo tu amparo nos acogemos, Santa Madre de Dios...), donde encontramos ya el título de *Theotókos, Dei Genitrix*, una invocación que surge en el siglo III, quizás anteriormente, en la cual están contenidos los comportamientos del fiel que a lo largo de los siglos venera, ama, suplica e imita a la Virgen María.

La cita, además, de Lc. 1, 48: «todas las generaciones me llamarán bienaventurada, porque el omnipotente ha hecho cosas grandes en mí», sirve para confirmar la esencial diferencia que existe entre el culto tributado a la Virgen y el culto de adoración, latría, rendido al Verbo encarnado. El artículo 66 termina afirmando, como consecuencia, que la devoción mariana es ilusoria si no conduce a la observancia de los mandamientos de Cristo.

El artículo 67 se abre con la explícita clarificación de que lo expuesto es la *doctrina católica*, en el sentido de un retorno a las fuentes de la fe y, por tanto, de la devoción primigenia. En nuestro caso, el sentido católico del culto a la Virgen exige volver a beber en las fuentes de las Sagradas Escrituras, de los Padres y de la liturgia e impulsar por tanto a los fieles a una renovación de la propia piedad según el sentir integral de la Iglesia.

Por desgracia, en el Occidente cristiano, la consabida separación que se ha llegado a crear entre el pueblo y la liturgia había hecho que la devoción mariana, como toda la religiosidad popular, se desarrollase autónomamente, en la mayor parte de los casos sin la sólida referencia a la tradición litúrgica, y por tanto más sujeta a las emociones que a la teología.

Nuestro texto conciliar, en consecuencia, exhorta nuevamente «a todos los hijos de la Iglesia a promover generosamente el culto, especialmente litúrgico, hacia la Bienaventurada Virgen María, a tener en gran estima las prácticas y los ejercicios de piedad hacia Ella, recomendados a lo largo de los siglos por el magisterio de la Iglesia».

De modo especial se refiere cálidamente a los teólogos y predicadores de la palabra divina para que se abstengan «con todo cuidado de cualquier falsa exageración, como también de una excesiva estrechez de espíritu, al considerar la singular dignidad de la Madre de Dios». En estas palabras parece hacerse eco de la sabiduría antigua y siempre nueva de la Iglesia que, asistida por el don del Espíritu, invita a los guías del pueblo cristiano a seguir el ejemplo del Divino Maestro, que sabía extraer de su tesoro propio «cosas antiguas y cosas nuevas».

La delicadeza de la Iglesia se reconoce en las palabras con las que, otra vez, recomienda evitar *diligentemente,* ya sea con las palabras o con los hechos, «toda cosa que pueda inducir a error a los hermanos separados o a cualquier otra persona, respecto a la verdadera doctrina de la Iglesia».

El párrafo concluye recomendando a los fieles que «recuerden que la verdadera devoción no consiste ni en un estéril y pasajero sentimentalismo ni en una cierta y vana credulidad, aunque ésta proceda de la verdadera fe».

Aquella fe que en todo tiempo y lugar ha acompañado a aquellos que han fundamentado su propia vida sobre la fuerte roca de la palabra de Cristo, el cual afirmó: «No el que diga 'Señor, Señor' entrará en el reino de los Cielos, sino quien hace la voluntad de mi Padre que está en el Cielo» (Mt. 7, 21). Y María ha sido la primera discípula y testigo de esta palabra y por eso ella sigue siendo la Madre de los creyentes de este III milenio de la Cristiandad.

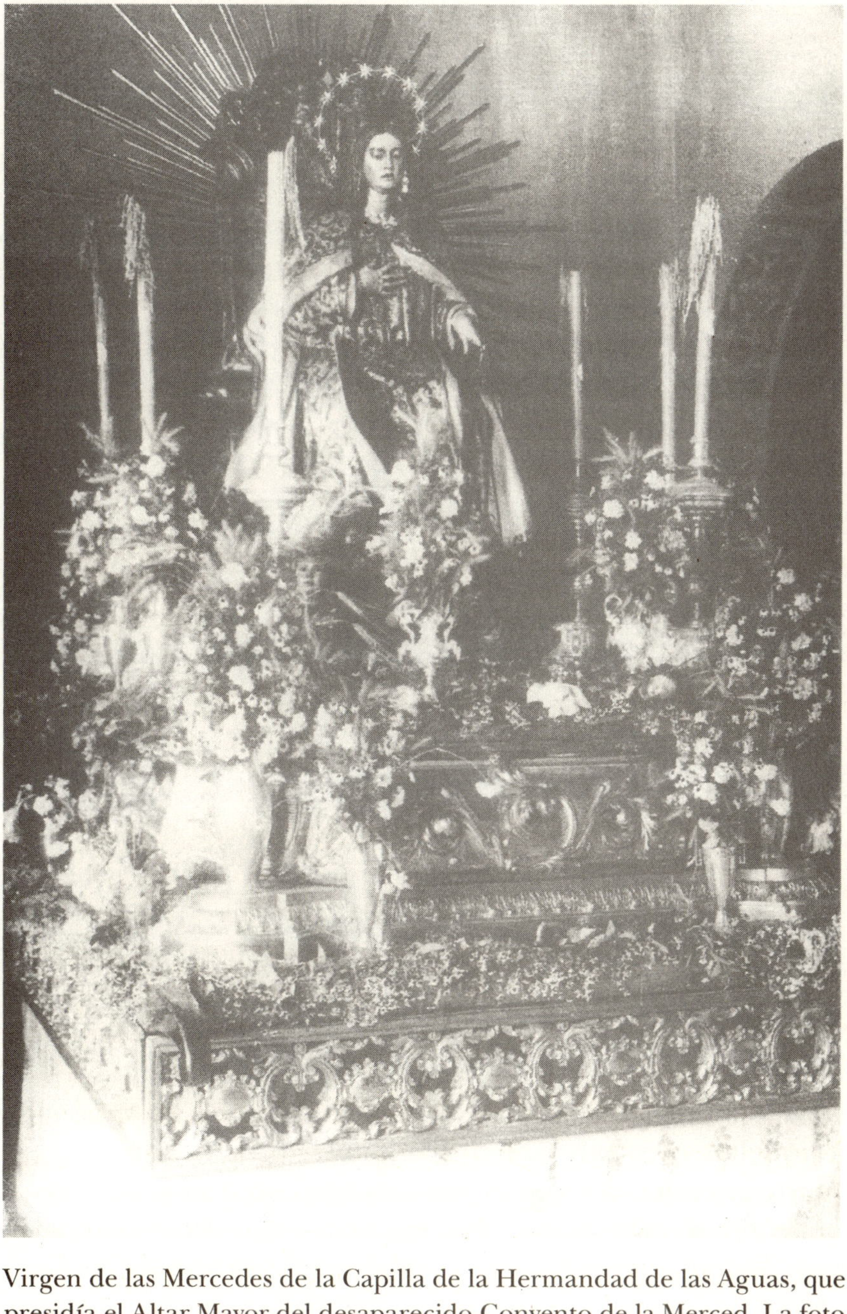

Virgen de las Mercedes de la Capilla de la Hermandad de las Aguas, que presidía el Altar Mayor del desaparecido Convento de la Merced. La foto reproduce la imagen de la Virgen en el paso para su salida en el Corpus.

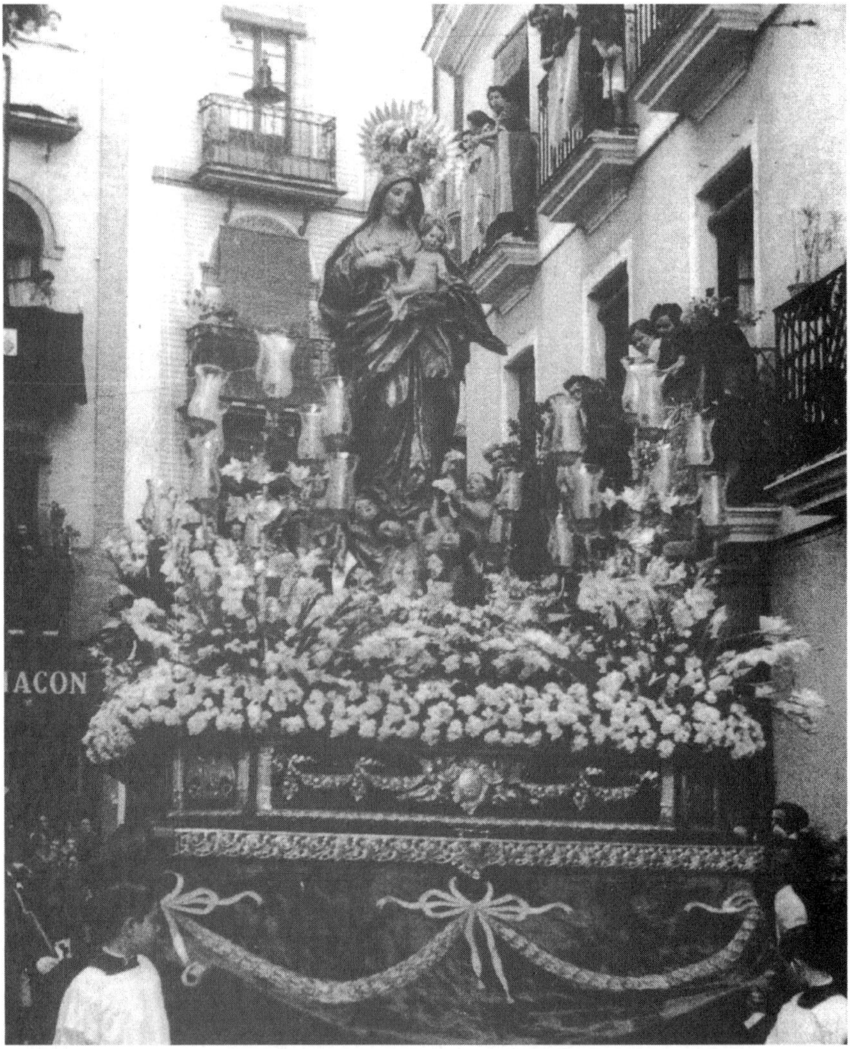

Nuestra Señora del Sagrado Corazón, que salía el 29 de junio de cada año junto al Sagrado Corazón en la solemnísima procesión de los padres jesuitas. La talla es de Duque Cornejo (siglo XVII).

EL VERDADERO CULTO A MARÍA EN EL MAGISTERIO ACTUAL DE LA IGLESIA

El día de la Candelaria, dos de febrero de 1974, el Papa San Pablo VI promulgó el documento *Marialis Cultus*, exhortación apostólica, que es una auténtica *carta magna* para vivir una auténtica devoción a María. El culto, la devoción y la espiritualidad mariana tiene sólidos fundamentos dogmáticos que fueron bien resumidos en esta exhortación mariana:

— María posee la singular dignidad de Madre del Hijo de Dios encarnado y es, por tanto, predilecta del Padre, del Hijo y del Espíritu Santo. En virtud de este don extraordinario de gracia, precede a todas las demás criaturas, ángeles y santos.

— Su cooperación en todos los momentos decisivos de la obra salvadora realizada por su Hijo es única y sin comparación con las otras criaturas. Sólo Ella es la Madre del Redentor, la segunda Eva, la Verdadera Madre de los vivientes.

— Su incomparable santidad se ofrece ya desde el primer momento —Concepción Inmaculada— y continúa creciendo por su adhesión plena al querer de Dios en un camino de sufrimiento, de obediencia y abnegación como *sierva del Señor*, a la escucha constante de su Palabra y abierta siempre a la acción del Espíritu.

—Dentro de la Iglesia es *miembro de ella,* y su misión es del todo especial, ya que es su más preciado modelo y madre amantísima.
—Desde el cielo, la Asunta ejerce una continua intercesión sobre todos los hombres, incluso los que no saben que son hijos suyos.
—Su gloria personal ennoblece a todos los hombres ya que Ella es verdaderamente de nuestra raza.
—En definitiva, el culto a la Virgen tiene su razón última en la misma voluntad de Dios, que «la amó y obró en ella maravillas; la amó por sí mismo, la amó por nosotros, se la dio a sí mismo y nos la dio a nosotros».

Todo esto fue bien expuesto por los varios ponentes del Congreso de Hermandades y Piedad Popular celebrado la última semana de octubre del año 1999 en la Catedral de Sevilla, cuando se coronó la Virgen de la Estrella. El propio Papa San Juan Pablo II dirigió una carta, a través del Cardenal John Francis Stafford, su legado, con este motivo. Decía el Papa: «Es preciso reconocer el importante papel de las hermandades y cofradías han desempeñado en la vida de la Iglesia del segundo milenio [. . .]. Nace así una basta y densa red de cofradías para dar gloria a Dios por medio del culto y las devociones populares; para crecer en la fe mediante catequesis; para dilatar la caridad en formas de servicio a las diversas necesidades humanas y para evangelizar la cultura y las artes».

Pero no olvidemos las palabras, igualmente del mismo Papa, en el Santuario del Rocío: «Desligar las manifestaciones de religiosidad popular de las raíces evangélicas, reduciéndolas a una expresión folclórica o costumbrista, sería traicionar su verdadera esencia».

La inquietud del Papa y de la Iglesia frente a la proliferación de manifestaciones de religiosidad popular ha llevado a que la Congregación para el Culto Divino y la Disciplina de los Sacramentos, nos dé un documento instructivo. En él hallamos los principios y orientaciones que ayudarán a nuestras Hermandades y pastores a armonizar manifestaciones de religiosidad popular, en especial procesiones, y liturgia.

Dicho *Directorio sobre la piedad popular*, como se llama el documento, fue promulgado el diecisiete de diciembre de 2001. Pienso que es fundamental conocerlo, ya que es un instrumento que ilumina la identidad y la razón de ser de las Hermandades.

Ilustraré este ensayo con algunos textos del directorio, que nos acerquen a su precioso contenido:

— «La piedad popular no puede ser ignorada ni tratada con indiferencia o desprecio, porque es rica en valores, y ya de por sí expresa la actitud religiosa ante Dios, pero tiene necesidad de ser continuamente evangelizada para que la fe que expresa llegue a ser un acto cada vez más maduro y auténtico» (nº 2).

— «En la procesión, expresión cultural de carácter universal y de múltiples valores religiosos y sociales, la relación entre liturgia y piedad popular adquiere un particular relieve» (nº 245).

— «Para que la procesión conserve su carácter genuino de manifestación de fe, es necesario que los fieles sean instruidos en su naturaleza, desde el punto de vista teológico, litúrgico y antropológico» (nº 247).

— «Se puede citar, por ejemplo, el desarrollo de las cofradías dedicadas a los misterios de la pasión del Señor, a la Virgen María y a los Santos, que tenían como triple finalidad la penitencia, la formación de los laicos y las obras de caridad. Esta piedad popular propició la creación de bellísimas imágenes llenas de sentido, cuya contemplación continúa nutriendo la fe y la experiencia religiosa de los fieles» (nº 41).

— «Con frecuencia las cofradías, además del calendario litúrgico, disponen de una especie de calendario propio, en el cual están indicadas las fiestas particulares, las novenas, los septenarios, los triduos que se deben celebrar, los días penitenciales que se deben guardar y los días en los que se realizan las procesiones y peregrinaciones o en los que se deben hacer determinadas obras de misericordia» (n º 69).

Los números anteriores tomados del expresado Directorio están seleccionados con relación a los principios y orientaciones que puedan servir a nuestras Hermandades para estar sólidamente cimentada en el Magisterio de la Iglesia. Que nos ayude la Virgen en este camino de la Iglesia.

Como vemos, después de un periodo de dificultades y de incomprensiones, la piedad o religiosidad popular ha cobrado gran importancia. De ella tratan encíclicas papales, documentos episcopales, escritos de teólogos, pastoralistas y liturgos.

Así dice la comisión episcopal española de liturgia: «la religiosidad popular puede describirse como el modo peculiar que tiene el pueblo, es decir la gente sencilla, de vivir y expresar su relación con Dios, con la Santísima Virgen y con los Santos. Esta vivencia no se encuadra solo en el ámbito privado e íntimo, sino que comporta también una dimensión comunitaria y de participación eclesial. Esta piedad comporta siempre una realidad honda y misteriosa, por encima de todas sus expresiones variadas. Esta piedad es con frecuencia una actitud de fe profunda y sencilla, verdaderamente filial y cristiana, pero que no siempre se capta y se valora en una observación puramente externa y superficial de la piedad popular».

Las manifestaciones de esta religiosidad popular más importantes son las siguientes:

— Celebración de las fiestas de las fiestas de María: uno de enero, Madre de Dios; quince de agosto, Asunción; ocho de septiembre, Natividad de la Virgen; ocho de diciembre, Inmaculada Concepción. Todas con sus específicos rituales y en relación con el *calendario agrícola* y toda la memoria mariana.
— La dedicación de los tiempos del día, especialmente el amanecer y el anochecer también el mediodía, ligados al

rezo del Ángelus; la consagración de un día a la semana, el sábado, con la la sabatina, una conmemoración especial a la Señora, y de dos meses al año, mayo «como mes de las flores» y octubre, «el mes del rosario».

— La construcción de santuarios consagrados a su nombre, dedicados a las Virgen, a veces en lugares privilegiados del campo, ligados tal vez a una aparición o a milagros. Es el caso de Guadalupe, de la Salette, de Lourdes, de Fátima, de Siracusa, y con nombres poéticos y evocadores...

— La organización de numerosas peregrinaciones comunitarias o romerías que acuden con multitud de fieles a estos santuarios con una gran piedad, con especial protagonismo de hermandades y cofradías, como es el caso del Rocío hoy y un tiempo del Santuario de Consolación en Utrera.

— Esta piedad mariana bien orientada funde cada vez más nuestras masas populares en un verdadero encuentro con Dios en Jesucristo por medio de María Santísima en todos los cultos que celebramos, de manera especial, en precuaresma y cuaresma, con septenarios, triduos, besamanos...

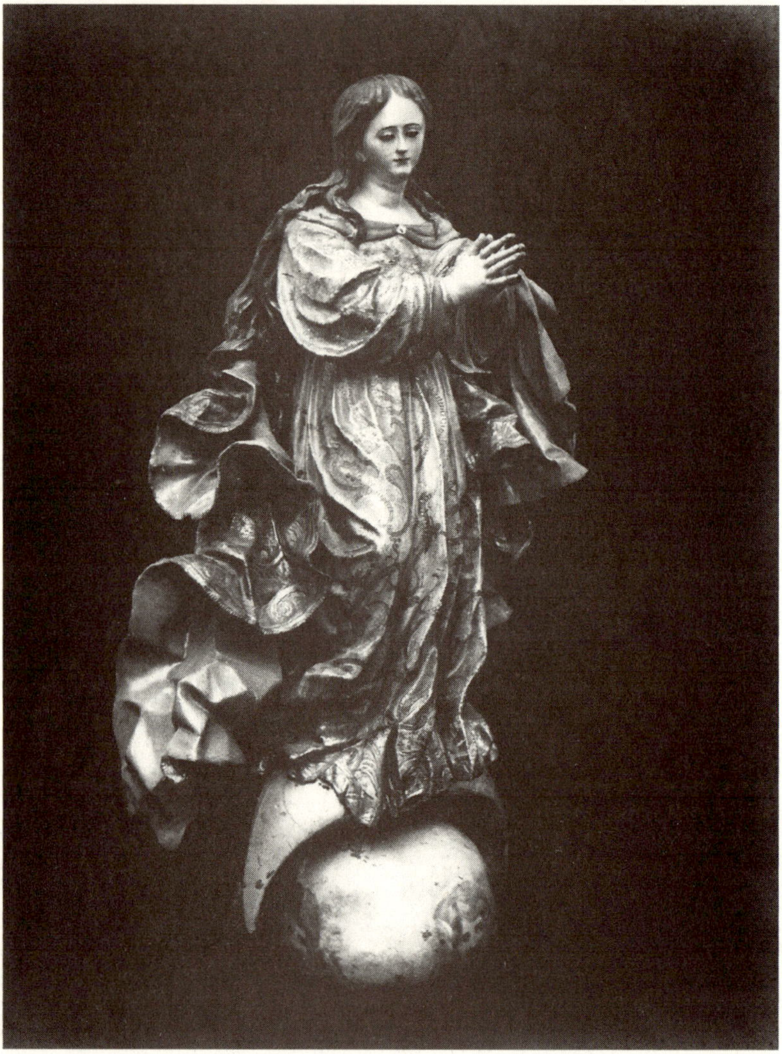

La Virgen Pura y Limpia del Postigo, que recibe culto a todas las horas del día y de la noche. A sus pies se arrodilló San Juan Pablo II en el solemne Congreso Eucarístico Internacional de Sevilla 1993.

MARÍA LA PURA Y LIMPIA, LA TODA SANTA

Decir de María que fue concebida sin pecado original, llamarla Inmaculada, Pura y Limpia, es hoy algo normal. Lo extraño, lo pecaminoso incluso, sería decir lo contrario. Sin embargo, en la historia de la Iglesia, a lo largo de los siglos, hasta el voto concepcionista del siglo XVII y hasta la proclamación del Dogma, deseado ardientemente, por el Beato Papa Pío IX Mastai Ferretti, en 1854, después de su exilio en Gaeta, en la época de la República Romana, no sólo eran los clásicos enemigos de la Virgen los que negaban este privilegio mariano, sino que lo rechazaban también fervorosos devotos de la Madre de Dios, e incluso Santos.

¿Por qué? ¿Cómo es posible que un enamorado en defensa de la Virgen como San Bernardo negara que Ésta hubiera sido concebida sin pecado original? ¿O que un sabio como Santo Tomás, dominico, dijera que había sido después de la concepción virginal, aunque antes del nacimiento de Jesús, que Dios había redimido a la futura madre de su Hijo?

La explicación a estas aparentes contradicciones está en una frase del Apóstol San Pablo, con la cual el Doctor de los Gentiles quiere insistir en el carácter redentor de Cristo sobre toda la Humanidad. «Todos pecaron», dice el Apóstol, lo cual significa que no hubo excepciones en la comisión de pecados, bien sean éstos de carácter personal, bien sea el que a todos nos mancha como descendientes de Adán.

Si Cristo era redentor de todos, nadie podía quedar a salvo de esa redención: nadie, ni siquiera María. Por ello, también la Madre de Dios debería haber sufrido el pecado original, para así poder ser salvada y redimida por la sangre del Hijo. En contra de estas deducciones se elevaba el grito del corazón de la mayoría de los fieles. No entendían mucho de teología, pero amaban a la Virgen María e intuían que su bondad y auxilio eran tan grandes que ningún pecado podía contaminar su única hermosura.

Además, otros teólogos, singularmente los de la escuela franciscana, argüían a favor de la entonces piadosa creencia de la Inmaculada que Cristo no había podido tomar carne de una carne contaminada (también ya siglos antes el padre San Agustín decía que «la carne de Cristo es carne de María»), por la cual Aquélla en la que se encarnó el Señor debería estar totalmente exenta de pecado.

La solución llegó con los argumentos del Beato franciscano Juan Duns Scoto, quien aportó la clave al problema concepcionista utilizando un silogismo típicamente escolástico: Dios podía hacer el milagro de preservar a María del pecado original, pues para Dios nada hay imposible. Dios desearía hacer ese milagro por amor a María y por amor a su propio Hijo, para que Él naciera en un seno de pureza virginal. Por lo tanto, hizo el milagro y llevó a cabo una excepción con María a quien preservó del pecado original y la creó Pura y Limpia desde su Concepción.

Duns Scoto fue más allá en su argumentación a favor del privilegio mariano. Recordó que hay dos formas de curar a alguien de una enfermedad. Una de ellas consiste en darle las medicinas que le salven, una vez ya está enfermo. La otra, más eficaz, consiste en evitar que el posible enfermo la contraiga. El Doctor Sutil deshacía así las objeciones de los que veían en María la huella del primer pecado diciendo que, efectivamente, también para Ella su divino Hijo había nacido redentor y salvador.

La diferencia entre María y los demás es que a Ella le salvó con una medicina «preventiva» mientras que a los demás nos salvó después de estar manchados no sólo con el pecado original, sino también con nuestros pecados personales, veniales y mortales, de pensamiento, palabra, obra y omisión. Así, resuelto el aspecto teológico del problema, se llegó a la difusión universal de la veneración pública de la *Purísima*.

Lourdes jugó un importante papel en la corroboración de la fe concepcionista al producirse esta aparición mariana cuatro años después de la declaración dogmática concepcionista. Lourdes goza de una gracia única, pues fue un lugar elegido por la Virgen para revelar al mundo su propia identidad: en la aparición a Santa Bernardette del veinticinco de marzo de 1858 se declara: «Yo soy la Inmaculada Concepción».

La fecha de la fiesta de la Anunciación manifiesta de manera evidente la relación que existe entre la respuesta de María al ángel Gabriel y su revelación a Bernardette. En efecto, el *sí* de la Virgen el día de la Encarnación emana de la gracia de la Inmaculada Concepción.

Me sorprendo a menudo pensando en aquel preciso momento de la historia en el cual el destino del mundo ha pasado a través del corazón de aquella joven conocida como María. En aquel instante decisivo, María regía el destino de la humanidad.

Quizá sea por este motivo por lo que siempre me ha gustado tanto esa estatua que la representa con un mundo entre las manos, es decir, toda la humanidad y cada uno de nosotros. Es así como apareció a Santa Catalina Labouré en Rue du Bac, París, el veintisiete de noviembre de 1830.

En Nazaret, María era absolutamente libre mientras hablaba con el ángel Gabriel. Por eso su respuesta fue simple y precisa: ¡Fiat!, Sí acepto. Y desde ese momento el mundo se renovó y para la humanidad comenzó una verdadera lluvia de gracias. Gracias al *sí* de María pudo nacer el Salvador de los hombres. Gracias al *sí* de María la buena nueva será proclamada a todo el mundo. Gracias al *sí* de María la muerte será vencida para siempre. Gracias al *sí* de María la esperanza será devuelta al mundo.

No se necesita entonces buscar las razones para nuestro inmenso reconocimiento hacia María Inmaculada. En realidad, la Anunciación para el mundo es una verdadera primavera. La Iglesia lo ha entendido bien, hasta el punto de recordárnoslo mañana, tarde y noche en el hermoso rezo del Ángelus, que recapitula y actualiza esta gracia de la Salvación.

El Ángelus nos repite cada día que Dios ha entrado en nuestro tiempo y que ha asumido nuestra condición humana en cada cosa, menos en el pecado, gracias precisamente al *sí* de María. De este modo se nos indica claramente que Dios no puede entrar en nosotros si no lo decimos *sí* cuando llama a la puerta de nuestro corazón y cuando se anuncia en nuestra existencia así como se anunció en la de María.

Éste y sólo éste es el secreto de la santidad de María y de la de todos los bautizados. Porque el bautismo nos hace también capaces de decir *sí*. Y la reconciliación renueva en nosotros la gracia cuando ésta disminuye por culpa del pecado. La Eucaristía, por su parte, la fortifica continuamente.

Se me viene a la memoria relacionado con esto una meditación de Chiara Lubich, la fundadora de los focolares, que nos narra una *conversación* mantenida con la Virgen en retiro formativo que se llama Mariápolis (Ciudad Mariana) . Ella veía a María tan alta, tan excelsa, que se sentía incapaz de imitar a quien era proclamada Inmaculada y Madre de Dios. La Virgen vino en su ayuda y le prometió una especie de inmaculatización que podía conseguir mediante el amor a Ella con el rezo del santo rosario y la práctica de los sacramentos.

Así lo ha vivido el pueblo español siempre, sin necesidad de grandes adquisiciones teológicas. Si María es la Pura y Limpia Concepción, hay que amarla, tenerla por modelo; Ella nos hace fácil la lucha contra todos los pecados. Hermano, hemos de amar a María por tanto, venerarla como Pura y Limpia, intentar ser humilde como Ella, la *Esclava del Señor* y *Bendita entre todas las mujeres*. Que Su amor por ti y tu amor por Ella te protejan siempre en el camino hacia el monte santo del Señor.

Tenemos todo lo que es necesario para ofrecer a Dios en la cotidianeidad de la vida: nuestra respuesta de fe y amor, como la de la Virgen. Se entiende entonces por qué revelándose en Lourdes el veinticinco de marzo de 1858 como Inmaculada Concepción, siempre con la corona del rosario en la mano, nos invita a la conversión, es decir, a corresponder con coraje a nuestra vocación de bautizados, con un vida cada vez más coherente con el evangelio. Es esto lo que Bernardette ha entendido tan bien, lo que siempre vivió ella misma y la convirtió en santa. También a nosotros está dirigido el mensaje de Lourdes, es decir, el mensaje de la Inmaculada, que debemos encarnar en nuestras propias vidas.

El Papa San Juan Pablo II, de feliz memoria, quiso marcar el CL aniversario del dogma de la Inmaculada Concepción, que tanta alegría trajo a la cristiandad católica, cumplido el 2004, celebrando la fiesta de la Asunción de María Santísima al Cielo en Lourdes, uno de los mayores santuarios marianos de Europa, en donde millones de peregrinos de todas partes del mundo van a confiar a la Madre del Señor las intenciones que llevan en el corazón y a pedir su intercesión.

Durante la homilía de la Misa Solemne, que transcribimos a continuación, el Santo Padre explicó la estrecha relación entre Lourdes y la Inmaculada Concepción:

«1. 'Yo soy la Inmaculada Concepción'. Las palabras que María dirigió a Bernardita el veinticinco de marzo de 1858 resuenan con intensidad muy particular en este año, en el que la Iglesia celebra el CL aniversario de la definición solemne del dogma proclamado por el beato Papa Pío IX en la constitución apostólica Ineffabilis Deus.

Deseaba vivamente realizar esta peregrinación a Lourdes, para recordar un acontecimiento que sigue dando gloria a la Trinidad una e indivisa. La concepción inmaculada de María es el signo del amor gratuito del Padre, la expresión perfecta de la redención llevada a cabo por el Hijo y el inicio de una vida totalmente disponible a la acción del Espíritu.

[...] 3. 'En aquellos días, María se puso en camino hacia la región montañosa...' (Lc. I, 39). Las palabras del relato evangélico nos hacen ver con los ojos del corazón a la joven de Nazaret en camino hacia la ciudad de Judá, donde habitaba su prima, para prestarle sus servicios.

En María nos impresiona, ante todo, la atención, llena de ternura, hacia su prima anciana. Se trata de un amor concreto, que no se limita a palabras de comprensión, sino que se compromete personalmente en una asistencia auténtica. La Virgen no da a su prima simplemente algo de lo que le pertenece; se da a sí misma, sin pedir nada a cambio. Ha comprendido perfectamente que el don recibido de Dios, más que un privilegio, es un deber que la compromete en favor de los demás con la gratuidad propia del amor.

4. 'Proclama mi alma la grandeza del Señor...' (Lc. I, 46). Los sentimientos que María experimenta en el encuentro con Isabel afloran con fuerza en el cántico del Magníficat. Sus labios expresan la espera, llena de esperanza, de 'los pobres del Señor', así como la conciencia del cumplimiento de las promesas, porque Dios 'se acordó de su misericordia' (cf. Lc. I, 54).

Precisamente de esta conciencia brota la alegría de la Virgen María, que se refleja en todo el cántico: alegría por saberse 'mirada' por Dios, a pesar de su 'humildad' (cf. Lc. I, 48); alegría por el 'servicio' que puede prestar, gracias a las 'maravillas' a las que la ha llamado el Todopoderoso (cf. Lc. I, 49); alegría por gustar anticipadamente las bienaventuranzas escatológicas, reservadas a los 'humildes' y a los 'que tienen hambre' (cf. Lc. I, 52-53).

Después del Magníficat viene el silencio: de los tres meses de permanencia de María al lado de su prima Isabel no se nos dice nada. O, tal vez, se nos dice lo más importante: el bien no hace ruido, la fuerza del amor se manifiesta en la discreción serena del servicio cotidiano.

5. Con sus palabras y su silencio, la Virgen María se nos presenta como modelo en nuestro camino. No es un camino fácil: por el pecado de nuestros primeros padres, la humanidad lleva en sí la herida del pecado, cuyas consecuencias pesan también sobre los redimidos. Pero el mal y la muerte

no tendrán la última palabra. María lo confirma con toda su existencia, como testigo viva de la victoria de Cristo, nuestra Pascua.

Los fieles lo han entendido. Por eso, acuden en multitudes a esta gruta para escuchar las exhortaciones maternas de la Virgen, reconociendo en ella 'la mujer vestida de sol' (Ap. XII, 1), la Reina que resplandece al lado del trono de Dios (cf. Salmo responsorial) e intercede en su favor.

6. Hoy la Iglesia celebra la gloriosa Asunción de María al cielo en cuerpo y alma. Los dogmas de la Inmaculada Concepción y la Asunción están íntimamente unidos entre sí. Ambos proclaman la gloria de Cristo Redentor y la santidad de María, cuyo destino humano ya desde ahora está perfecta y definitivamente realizado en Dios.

'Cuando haya ido y os haya preparado un lugar, volveré y os tomaré conmigo, para que donde esté yo estéis también vosotros', nos ha dicho Jesús (Jn. XIV, 3). María es la prenda del cumplimiento de la promesa de Cristo. Su Asunción se convierte así, para nosotros, en 'signo de esperanza segura y de consuelo' (cf. Lumen gentium, nº 68).

7. Amadísimos hermanos y hermanas, desde la gruta de Massabielle la Virgen Inmaculada nos habla también a nosotros, cristianos del tercer milenio. Escuchémosla. Escuchad ante todo vosotros, jóvenes, que buscáis una respuesta capaz de dar sentido a vuestra vida. Aquí la podéis encontrar. Es una respuesta exigente, pero es la única respuesta que vale. En ella reside el secreto de la alegría verdadera y de la paz.

Desde esta gruta os hago una llamada especial a vosotras, las mujeres. Al aparecerse en la gruta, María encomendó su mensaje a una muchacha, como para subrayar la misión peculiar que corresponde a la mujer en nuestro tiempo, tentado por el materialismo y la secularización: ser en la sociedad de hoy testigo de los valores esenciales que sólo se perciben con los ojos del corazón. A vosotras, las mujeres, corresponde ser centinelas del Invisible. A todos vosotros, queridos hermanos y hermanas, os dirijo un apremiante llamamiento para que hagáis todo cuanto esté a vuestro alcance a fin de que la vida, toda vida, sea respetada desde la concepción hasta su término natural. La vida es un don sagrado, del que nadie puede hacerse dueño.

La Virgen de Lourdes tiene, por último, un mensaje para todos. Es este: sed mujeres y hombres libres. Pero recordad: la libertad humana es una libertad marcada por el pecado. Ella misma necesita también ser liberada. Cristo es su liberador, pues 'para ser libres nos ha liberado' (Gál. V, 1). Defended vuestra libertad.

Queridos amigos, sabemos que para esto podemos contar con Aquélla que, al no haber cedido jamás al pecado, es la única criatura perfectamente libre. A ella os encomiendo. Caminad con María por las sendas de la plena realización de vuestra humanidad».

Terminemos, finalmente, esta meditación con la siguiente oración de consagración de San Juan Pablo II a María Inmaculada:

«A ti, Virgen Inmaculada, predestinada por Dios por encima de toda otra criatura como abogada de gracia y modelo de santidad para su pueblo, renuevo hoy de especial manera la confiada entrega de toda la Iglesia.

Sé tú quien guíe a sus hijos en la peregrinación de la fe, haciéndolos cada vez más obedientes y fieles a la Palabra de Dios.

Sé tú quien acompañe a cada cristiano en el camino de la conversión y de la santidad, en la lucha contra el pecado y en la búsqueda de la belleza auténtica, que es siempre impronta y reflejo de la Belleza divina.

Sé tú también quien alcance paz y salvación para todas las gentes. Que el eterno Padre, que te quiso Madre Inmaculada del Redentor, renueve también en nuestro tiempo, por mediación tuya, los prodigios de su amor misericordioso. Amén».

LA GLORIOSA ASUNCIÓN ES LA PASCUA DE MARÍA

El mes de agosto, bien se sabe, en nuestras latitudes nos deja muchas opciones. Es difícil, aunque se intente no desvanecerse en el ocio, resistir a la necesidad de disminuir la actividad. Pero algo parecido ocurre, a mi entender, aun prescindiendo del ritmo del trabajo, si nos fijamos en el compás del ritmo litúrgico.

Nos encontramos en lo que justamente definimos como tiempo ordinario. Ya se ha quedado lejos la alegría de la Resurrección, y todavía vemos lejanos el Adviento y la Navidad. En esta situación intermedia que está en el espíritu y en la vida de cada día, en el achatamiento de un tiempo en suspenso que caracteriza los días soleados de agosto, irrumpe una ráfaga de júbilo, una efervescencia especial, un inesperado corolario de la Pascua, muy lejano en la memoria y en la práctica del pueblo cristiano, aunque afortunado sucedáneo de aquella festividad civil dictada a Augusto, no sólo por sugestiones auto-celebrativas, sino también por la necesidad de mitigar el implacable calor que invoca y precede a los aguaceros precursores de otoño.

El haber colocado la solemnidad de la Asunción en el corazón de una fiesta pagana ni siquiera de índole religioso sino dictada tan sólo por un paternalista sentido común, es una de las perlas valiosas que se hallaron en el feliz proceso de culturización cristiana en el atardecer del mundo antiguo. Va por sí sólo más allá de la oportunidad de la santificación de una fiesta ya vivida como tal, pues está el mensaje propio de una celebración cristiana.

¿Qué significa celebrar a María Asunta al Cielo en cuerpo y alma? y, más aún, ¿desde dónde procede esta extensión a María de la exaltación gloriosa propia del Hijo? ¿Qué significa señalarla como inmediatamente partícipe en plenitud de la Gloria Celeste?

Reflexionando, son por lo menos tres las respuestas a éste que es el último de los dogmas marianos (uno de noviembre de 1950). Antes de todo, la historia de la fiesta, y, así, paralelamente, la historia de la formulación cada vez más clara de sus contenidos.

Luego, para nosotros, en nuestros días, le siguen las implicaciones antropológicas y escatológicas tendentes a la readquisición post-conciliar de la afirmación dogmática. Por último, la lectura en el más propio sentido eclesiotípico y de allí la colocación del dogma en el horizonte de la comunión eclesial vivida.

La fiesta viene de lejos. Es del siglo VI el decreto del emperador Mauricio que la fija el quince de agosto en Constantinopla. Y es la piedad del mismo emperador y de su esposa Pulqueria la que promueve la búsqueda de reliquias de María para colocarlas en la iglesia constantinopolitana de Blacherne, búsqueda vana, que llega al relato de su sepulcro vacío (vid. Historia Euthymiaca, p. 96, nº 748).

El calendario litúrgico bizantino no es el único en atestiguar la *koimesis*, dormición, o tránsito de la Madre de Dios. La fiesta está presente con gran profusión en Oriente, aún no siendo fácil atribuirle el exacto y completo sentido que tiene hoy para nosotros. En Roma la introducción de la festividad de la *dormición* se atribuye al siglo VII.

De allí, pasando a Francia e Inglaterra, va a adquirir el nombre en Occidente de *Asunción de Santa María* fijándose y abriéndose con ello la interpretación del evento, teniendo por protagonistas la piedad y la devoción antes aún que el debate teológico sobre su cualificación doctrinal, si era *pía sentencia* o *verdad de fe*.

Desde luego podemos señalar la simetría con el Hijo, en la repetición en Ella de las misteriosas formas de la muerte y de la resurrección, como la razón no sólo de la fiesta de la Asunción, sino de toda la proyección del dogma mariano.

Se ha observado la simetría de la tumba vacía con el nacimiento virginal (vid. las Actas de Convenio sobre el XVI centenario del Concilio de Capua, que tuvo lugar en esa localidad en 1992 y que allí se publicaron el año siguiente), así como es también simétrico al cuerpo glorioso del Hijo el cuerpo glorificado de María Inmaculada. Y por otro lado, el primer principio mariológico de la maternidad divina constituye una pesada hipoteca cristológica sobre la función y el papel de la joven de Nazaret en la historia de la salvación.

Quizás haya sido asimétrica la concepción inmaculada de Ella, respecto al «asumir el pecado» del Hijo (vid. II Cor. 5, 21), pero, una vez determinado el fruto de esta «asunción» de pecado, se deriva que la primera en disfrutar de sus consecuencias es justamente Aquélla que al Hijo de Dios le ofreció su carne, y que, con ese fin, fue pre-redimida.

Sin querer contrastar las razones de esta construcción simétrica de María en relación con el Hijo, queda aún siempre abierto —es la lección de Concilio— otro camino, también antiguo, también plausible, también necesariamente atento al misterio de Cristo, pero en su acontecer participado.

Me refiero a la lectura eclesiotípica de la figura de María, que es reconducible, desde luego, a la generación del Verbo, al estatuto virginal, a la total santidad, a la participación inmediata, en suma, después de la muerte, en la plenitud de su humanidad, en la beatificación y en la gloria.

Así, a todas estas cosas la lectura eclesiotípica les da un valor paradigmático; para decirlo con palabras del Vaticano II, María en todo esto es imagen y «excelentísimo modelo en la fe y en la caridad» para la Iglesia de la que es «miembro supereminente y del todo singular'» (Lumen Gentium, n° 53).

Personalmente me gusta proyectar el misterio de María en clave eclesiotípica. Encuentro tranquilizador mirar hacia ella como «Virgen hecha Iglesia», en feliz expresión de San Francisco de Asís.

Y entre las fiestas marianas guardo especial afecto por esta de la Asunción. Amo celebrarla advirtiendo el mensaje en todo su espesor comunitario: «La Madre de Jesús, así como en el cielo está ya glorificada en cuerpo y alma, es imagen y primicia de la Iglesia que alcanzará su cumplimiento en la edad futura, así brilla en la tierra como signo de segura esperanza y de consuelo para el pueblo de Dios en marcha, hasta cuando llegue el día del Señor» (Lumen Gentium, nº 68). Asunta al cielo en alma y cuerpo, María anuncia a la Iglesia lo que le espera y lo que espera: el destino final feliz de su peregrinar.

Cuando empezaron a interrogarse sobre el destino final de María (vid. San Epifanio de Salamina, +403, Panarion, nº 78) ya estaba lejos la época neotestamentaria. Por mucho que se quiera retrotraer el núcleo, por otra parte difícil de armonizar, a los apócrifos asuncionistas (vid, por ejemplo, Simon Claude Mimoune, *Dormition et assomption de Marie: Histoire des traditions anciennes,* París, 1995), o se pretenda aportar pruebas literarias, arqueológicas o litúrgicas, retrotrayéndolas en el tiempo hasta el siglo II (vid. estudios de B. Baguatti o de E. Testa en Marianum), queda evidente que la primera estación, necesaria y fundamentalmente kerygmática, no podía no centrar su atención sino únicamente en el Señor Jesús, en su historia y en su mensaje.

No obstante, la misma trayectoria del *Nuevo Testamento* demuestra una atención creciente en María, de la que son signos los evangelios de la infancia de Mateo y Lucas y, sobre todo, el evangelio de Juan, aún en la complejidad inherente al misterio de la *mujer* (vid. 2, 1-11, y 19, 26-27), que es ciertamente María pero que es, también, y, sobre todo, la Iglesia. Esta palingenesia simbólica queda atestiguada también en el libro del *Apocalipsis.* La *mujer vestida de sol* es ciertamente la Iglesia, pero es difícil renunciar a ver en ella también la Madre del Señor.

Está claro que el uso del capítulo 12 del *Apocalipsis* en clave mariológica es tardío, y el hecho que la cuestión quede abierta se comprueba, no obstante todo, por ese reconducir a María a la valencia polisémica de la *mujer vestida de sol* (vid. A. Valentini, «La 'gran señal' de *Apocalipsis* 12. Una Iglesia a imagen de la Madre de Jesús», en: AA.VV., *María icono vivo de la Iglesia futura*, Roma, 1997, pp. 56-87).

Las investigaciones llevadas a cabo sobre los apócrifos asuncionistas demuestran, más tarde, varias concepciones basadas en tres diferentes lecturas: dormición sin resurrección; dormición y asunción, y asunción con o sin resurrección.

Aunque la doctrina más antigua, según la cual el cuerpo de María habría quedado incorrupto, proponga una dormición sin resurrección, la más reciente formula la hipótesis de una *asunción corpórea* o una *asunción gloriosa*.

En el primer caso María no habría muerto; en cambio, en el segundo caso habría experimentado la muerte y más tarde la resurrección. En Oriente el uso litúrgico del término *koimesis*, dormición, apoyaría definitivamente la tesis primera. En cambio, en Occidente, desde la época carolingia en adelante, se apropiaría de la tesis de la Asunción.

Ciertamente la labor de los teólogos que ofrecieron los materiales obligados para la predicabilidad del dogma fue ardua (vid. G. Aiello, Desarrollo del dogma y tradición, Roma, 1979). Frente al silencio de las *Escrituras* y a la falta de un consenso unánime entre los Padres, no tuvieron otra opción que dejarse guiar por el *sensus fidelium,* como recurso recientemente comprobado por el *factum eclesial,* es decir por la fe actual de la comunidad. Su creencia unánime de que la Madre de Jesús haya sido asunta en cuerpo y alma a la gloria, sin conocer la corrupción del sepulcro, no podía dejar margen de error. Tal creencia resultaba también del creciente consenso de maestros y doctores, siempre apoyados por el sentir común del pueblo cristiano.

En definitiva, nos encontramos con una verdad de fe ya adquirida como tal, en evidente armonía con lo que ya se ha dicho, bajo el perfil de enunciado dogmático, sobre la realidad de María, *Madre de Dios* (Éfeso, 431, y Calcedonia, 451), *siempre virgen* (Letrán, 649), *concebida sin la mancha del pecado original* (1854).

Queda abierta en la *Munificentissimus Deus,* bula de la proclamación dogmática, la cuestión de la muerte de María, limitándose el texto a la locución «expleto terrestris vitae cursu», completado el curso de su vida terrestre.

Quizás rehuyese en toda su amplitud de la hipoteca del recurso al *factum Ecclesiae,* es decir, el reconocer—sin hacer de ello motivo de predicabilidad dogmática— que en la Iglesia, como afirma este documento, «está presente el espíritu de la verdad» o, diciéndolo con palabras de la *Dei Verbum,* nº 8, que el Espíritu conduce a la Iglesia toda, hacia el siempre más completo conocimiento de la verdad de fe.

El *factum Ecclesiae,* aún sin identificarse con el *sensus fidelium,* lo revelaba activo y vinculante. Colocaba en el corazón de la enunciabilidad dogmática no las complicadas divagaciones deductivas tan amadas por la teología de la época tardía, sino la experiencia, la fe vivida de la comunidad en cuanto tal y su desarrollo. Podríamos afirmar que la hipoteca cultural del siglo XIX había inducido a formular el dogma de la Inmaculada Concepción en la perspectiva del *privilegio.* En cambio, el dogma de la Asunción se inscribía en la perspectiva histórica de su desarrollo y de su proceso.

En todo caso, nos quedan los nudos de un enunciado dogmático elaborado fuera de un contexto expresa y declaradamente sinodal, en polémica contraposición con el mundo protestante—y la centralidad absoluta que se le atribuye a las *Escrituras*- y en contraposición, no menos polémica, con el mundo ortodoxo—compartir con él la sustancia del dogma no ha sido suficiente para hacer aceptable un enunciado recientemente inscrito en la infalibilidad papal-.

Hay que decir al efecto que las polémicas de los años cincuenta nos parecen muy lejanas; pero, aún en el acercamiento ya conseguido sobre cómo aproximarse a la Madre del Señor, queda todavía muy lejos de resolverse el nudo del ejercicio del servicio del primado.

No obstante, el hallarnos alejados de la polémica partidista, sobre todo gracias al Vaticano II y a su reconducción de María al misterio eclesial, nos ha permitido abrir nuevas puertas y hacernos reflexionar sobre el sentido que tenga para nosotros el profesar a María Asunta al cielo en alma y cuerpo, en consonancia con una escatología renovada y una antropología siempre más centrada en la globalidad del sujeto humano, en su intrínseca conexión con el destino de toda la creación.

En definitiva, la Asunción de María al cielo en alma y cuerpo nos abre la posibilidad de un nuevo debate en el ámbito de la cuestión escatológica que se niega a separar alma y cuerpo, sino que interpreta al sujeto humano en la perspectiva más compleja de su esencia de *cuerpo vivido.*

Cuerpo objeto y *cuerpo propio* son distinciones frecuentemente ofrecidas por la filosofía contemporánea. Por otro lado, las neurociencias nos revelan cada vez más que los mecanismos perceptivos y cognitivos no son inmediatos, y apuntan a la imposibilidad de englobar en ellos el fenómeno humano.

Queda el misterio de un *yo* que permanece en la mutación radical de los componentes orgánicos que constituyen nuestro cuerpo. Y queda el misterio de la muerte, de la relación que pueda existir entre un *yo* trascendente y el propio cuerpo en el que este *yo* existe, que le representa y le significa.

¿Tiene, entonces, sentido el esquema de la escatología en dos fases? ¿El de la escatología intermedia diferente y ajena a la escatología final es el único modelo que nos proponen las *Escrituras*? ¿Cómo organizar por otro lado, la hipótesis de una escatología inmediata, como la llegada de Cristo al final del tiempo? ¿Cómo se puede interpretar el cumplimiento de ese evento en contraposición con la disolución del cuerpo en el sepulcro?

Queda también el hecho innegable de la contigüidad, aun en la diversidad, entre el cuerpo orgánico y la organicidad igualmente viva del universo del que formamos parte. Todo englobado en el misterio de una redención ya adquirida, aunque todavía no disfrutada; en el misterio de un Dios cuya relación con la creación debe inscribirse en la proximidad además de en la distancia.

En definitiva, el dogma de la Asunción evoca mucho más que el privilegio de María contenido en la plenitud de la gracia que le ha sido donada, pues en Ella se revela el paradigma de una diferente y posible declinación de la relación *cuerpo sujeto / cuerpo propio*; corporeidad personal y creaturalidad cósmica: espacio-tiempo individual y espacio tiempo colectivo. Relaciones y conexiones obviamente interpretadas a la luz del misterio del Verbo hecho carne y del Espíritu, de su subsistir trinitario y de subsistir más allá de sí en el espacio-tiempo cósmico, que es el de la creación, y aún más de la nueva creación nacida de la muerte y resurrección de Cristo.

Sí es cierto que la atención a la globalidad antropológica no permite eludir la contextualidad espacio-temporal en la que ella misma obra y vive, también lo es que esa contextualidad se ve del todo renovada al apoderarse el Hijo de Dios del espacio-tiempo de la creación, en la cual participa plenamente, y del propio espacio-tiempo cósmico abierto por su resurrección.

El misterio de su cuerpo de gloria se extiende a la creación renovada, misterio que ya estaba presente y consustancial en el Espíritu, que hace de la Madre de Dios imagen primordial y escatológica de la Iglesia, que revela la ruptura del espacio-tiempo criatural y la adquisición inmediata de la transfiguración subyacente en el cuerpo de resurrección del que formamos parte.

En el paradigma perfecto de reciprocidad, en la proximidad-distancia que como criatura juega en su relacionarse con las personas divinas, María nos aparece —éste es el sentido de proclamarla asunta en alma y cuerpo— como aquella que en Cristo nos revela ya activa y cumplida la transfiguración amorosa derivada del revelarse de Dios —mediante la Palabra y en el Espíritu— en el acto creador ya llevado a su cumplimiento por la acción redentora del Hijo.

Si la singularidad es la categoría más apta para declinar a la Madre de Dios en el misterio de la salvación—singularidad que cualquier nuevo sentir escatológico o también antropológico no puede dejar de afirmar y respetar (vid. Congregación para la Doctrina de la Fe, *Carta sobre algunas cuestiones relacionadas con la escatología,* nº 6)- es igualmente cierto que dicha singularidad tiene la función de revelarnos como actual y vigente el misterio de la Gracia que nos ha donado el Hijo en el Espíritu. De tal misterio Ella es imagen y modelo, señalando a la Iglesia en su ser y en su deber ser, en el signo de la firme esperanza y del consuelo.

En todo caso, la Asunción de María, la inmediatez cumplida de su participación en la vida cósmica del Hijo, nos evidencia los escenarios futuros, en verdad ya presentes, una vez abandonados los modelos obsoletos, y así nos abrimos hasta el fondo a nuevos paradigmas interpretativos, más atentos a una visión holística del sujeto humano y del cosmos entero del que el sujeto humano forma parte y en el que también participa Dios mismo dándole espacio y comienzo, convirtiéndole en morada del hombre y del hombre Jesús, morada del propio Dios.

María, en definitiva, nos vuelve a proponer el misterio del Hijo, el cumplirse de su ser *Dios-con-nosotros,* definitivamente cuerpo de transfiguración y de gloria. Esta es la razón por la cual la fiesta de la Asunción celebra la pascua de María, su plena participación en la pascua del Hijo.

Ella, que le ha ofrecido su carne, ahora accede a la morada celeste que es el cuerpo del Hijo glorioso. Esta pascua suya es, al mismo tiempo, la pascua de la Iglesia, pascua de la comunidad creyente que, al celebrar a María como es, ella misma espera ser, vive el misterio de una transfiguración ya en acto, que afecta conjuntamente a las mujeres y a los hombres y con ellos, a toda la creación, ya morada presente de Cristo Señor y de su Espíritu.

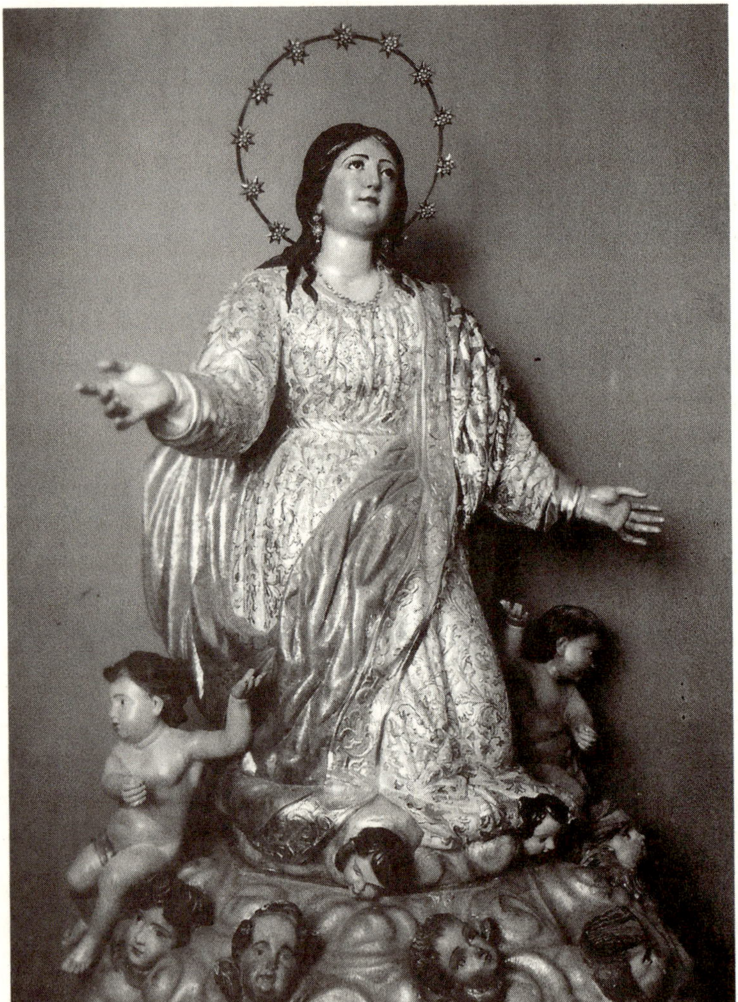

La bellísima imagen de la Virgen de Asunción de Cantillana, una escultura del siglo XVI, de autor desconocido.

MARÍA REINA DEL CIELO, MADRE DE LA IGLESIA

Es sobradamente conocida la expresión de que Andalucía es la tierra de María Santísima, y que en Andalucía la Virgen procesiona en Semana Santa, bajo variados y preciosos palios, bordados en precioso oro, con profunda fe y recia espiritualidad. A mí me parece que esta mariana tierra cuenta ya de por sí con el palio más bonito de toda Andalucía, cual es el cielo azul de Sevilla, en cuyo centro y a modo de escudo se representa una Virgen, sentada y coronada, y a sus pies un lema que dice: *Per me reges regnant.*

Recordando las célebres *Décadas del nuevo mundo*, escritas en Sevilla por Pedro Mártir de Anglería en el siglo XV, creo que se podría escribir hoy, la historia de la piedad mariana de Sevilla de coronación en coronación, en forma de décadas marianas sevillanas.

Quizás ninguna ciudad del mundo tenga, como Sevilla, tanta variada imaginería de la Virgen, ni tantos y ricos títulos de la Reina del Cielo, que, como dice San Juan Damasceno, vienen a reflejamos una manifestación plástica de lo divino entre nosotros, a expresar, por decirlo de alguna manera, como la Biblia para el pueblo que no sabe leer.

Tengo que decir que la diversidad de advocaciones, así como el misterio de dolor o de gloria que representan, vienen a ser una verdadera catequesis plástica de alto valor artístico y pastoral, por lo que representa de diálogo espiritual entre el misterio representado y la persona que lo contempla.

Así Sevilla, ciudad muy noble, leal y mariana, en estos dos siglos XX y XXI ha cantado su amor coronado en imágenes muy queridas por el pueblo cristiano, que son una parte escogida y muy significativa de su marianismo y la expresión del amor sin límites a la Virgen, la influencia devocional en Hispanoamérica, la formación religiosa y profesional de la juventud, el dolor en los infortunios, como la causa de nuestra alegría, la esperanza en la gracia, la tradición ciudadana y municipal, la singladura marítima y trianera, la necesidad de comunicación entre payos y gitanos, el contemplar el misterio de la Encarnación ayer y hoy.

La realeza convierte a María en la Omnipotencia suplicante. Es Madre de la Iglesia, por ser Madre de Jesucristo, cabeza del Cuerpo Místico, Madre por consiguiente del Cristo total. El nuevo título, consagrado por Pablo VI en 1969, Sevilla lo refrenda con una imagen de la Virgen.

Me refiero a la imagen que se venera en Nervión y que procesiona por las calles de Sevilla el Miércoles Santo, que expresa su misterio, mostrando en la mano una barca, aludiendo a la Iglesia como sacramento universal de salvación, *extra quam nulla est salus.* María es la Consolación y la Madre de la Iglesia.

Me parece interesante, así, recordar, aquello que el diecinueve de enero de 1982 decía el diario *ABC de Sevilla,* con ocasión de los trámites para la coronación Canónica de la imagen de Nuestra Señora de la Esperanza de Triana, con palabras del Señor Cardenal Bueno Monreal: «La coronación canónica de una imagen de la Virgen es el acto de culto en que culmina la devoción de un pueblo a la Madre de Dios, que quiere profesar su fe, su amor, su vasallaje a la Señora y proclamarla Reina; así, comprometiéndose a seguir su ejemplo en cumplimiento de la ley de Dios, en el compromiso cristiano y en el servicio de la Iglesia. Todo ello acreditado por una larga tradición que se expresa ante una imagen en la que el pueblo cristiano ha venerado por ella las gracias del

Señor». Y con ello exhortaba a una serie e intensa preparación espiritual.

Sin duda Sevilla es *Madre y Maestra* en el tema de las coronaciones marianas; a lo largo de su historia, muchísimas imágenes tanto de gloria como de penitencia, empezando por la Virgen de los Reyes en 1904, la primera de Andalucía, pasando por la Virgen de la Antigua en el 1929, con motivo del Congreso Mariano Iberoamericano, hasta llegar a la Virgen de los Ángeles de la cofradía de *los Negritos* en el 2019. Hasta el punto de que Sevilla y su Iglesia diocesana actualmente emula por coronaciones e imágenes marianas hasta a la misma ciudad Eterna de Roma, donde *inventaron* las coronaciones canónicas en el siglo XVI.

Me parece interesante, empezar recordando aquello que el diecinueve de enero de 1982 decía el diario *ABC de Sevilla* con ocasión de los trámites para la coronación canónica de la imagen de Nuestra Señora de la Esperanza de Triana, con palabras del Señor Cardenal Bueno Monreal: «La coronación canónica de una imagen de la Virgen es el acto de culto en que culmina la devoción de un pueblo a la Madre de Dios, que quiere profesar su fe, su amor, su vasallaje a la Señora y proclamarla Reina, comprometiéndose así a seguir su ejemplo en cumplimiento de la ley de Dios, en el compromiso cristiano y en el servicio de la Iglesia. Todo ello acreditado por una larga tradición, que se expresa ante una imagen en la que el pueblo cristiano ha venerado por Ella las gracias del Señor». Y con ello exhortaba a una intensa preparación espiritual.

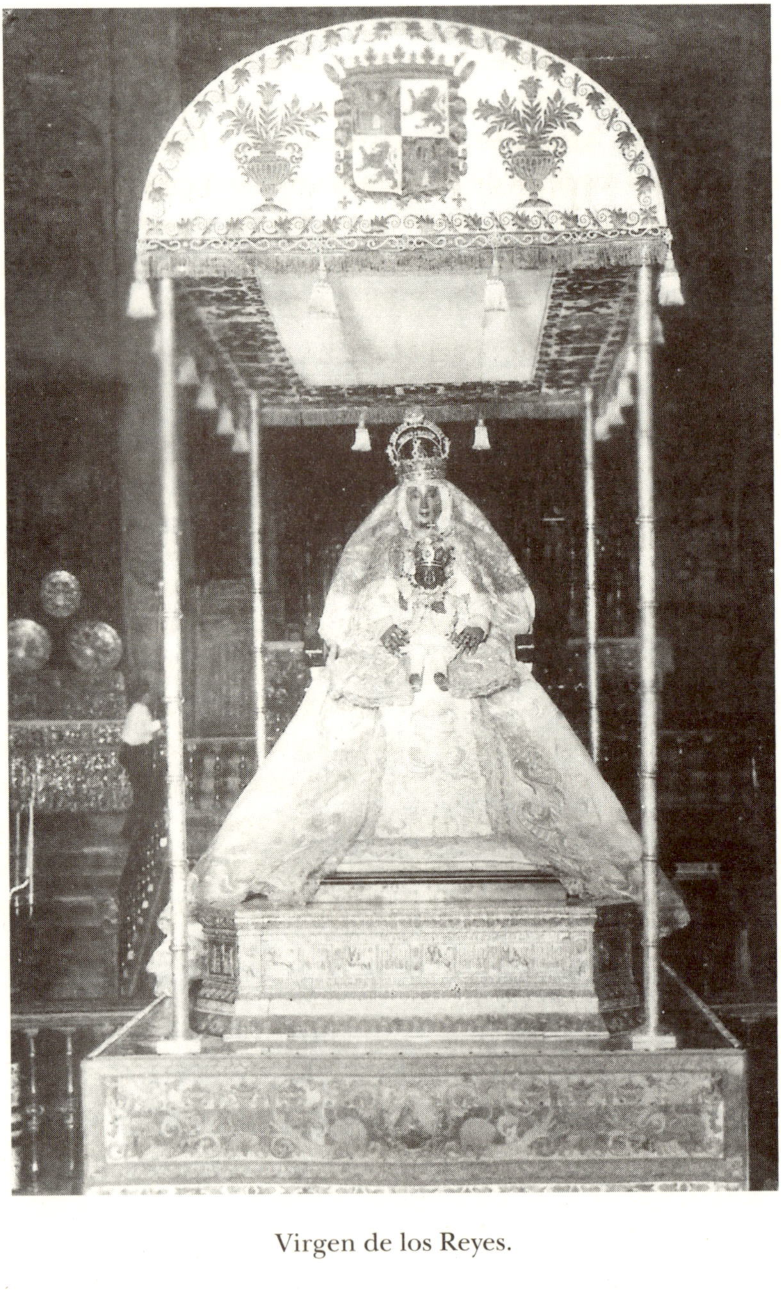

Virgen de los Reyes.

MARÍA ASUNTA REINA POR SU DIVINA MATERNIDAD

El capítulo octavo de la Constitución *Lumen Gentium* del concilio Vaticano II tiene un párrafo muy expresivo sobre la relación de la Asunción de la Virgen María y su reinado universal, sin que deba atribuirse a esto una relación de causa y efecto.

Estas son las palabras del Concilio: «Finalmente; la Virgen Inmaculada, preservada inmune de toda mancha de culpa original, terminado el decurso de su vida terrena, fue asunta en cuerpo y alma a la gloria celestial y fue ensalzada por el Señor como Reina universal con el fin de que se asemejase de forma más plena a su Hijo, Señor de señores y vencedor del pecado y de la muerte» (Lumen gentium, nº 59).

La Asunción inspiró una forma peculiar de teatro religioso, como *El Misterio de Elche,* todavía en vigor. Su texto es un exponente de intensa piedad mariana y hemos de suponer que también la fomenta. En él aparece una apreciable catequesis mariológica de las grandes prerrogativas de la Virgen, incluida su realeza:

Veniu, More excellent,
puex que virtut vos abona
ab esta imperial corona
reinareu eternalmente».

Venid, Madre excelente
pues que virtud os abona
con esta imperial corona
reinaréis eternamente.

Es cierto que no todas estas manifestaciones de piedad mariana con ocasión de la Asunción de la Virgen llevan una impronta asuncionista, pues, en muchas otras manifestaciones de piedad mariana se tiene presente a la advocación de la Virgen María que en ese día celebran. Algo siempre queda, pues la celebración litúrgica no admite otros formularios que los referentes a la Asunción.

Desde mi propia experiencia, vivida una mañana calurosa del verano sevillano, en esa multitudinaria y sobrecogedora procesión, es difícil pensar que los miles de sevillanos que en esa mañana del quince de agosto esperan la salida de la Virgen de los Reyes de la catedral hispalense tengan en su mente y en su corazón otra cosa que no sea a su venerada Patrona. Al menos lo que manifiestan no son otra cosa que súplicas a la Virgen de los Reyes. La realeza de la Virgen, por el contrario, se mantiene explícita en todas las advocaciones marianas, incluso en las de su mayor dolor por la Pasión y muerte de su Hijo.

Aunque en la actualidad se asocian en la piedad de los fieles Asunción y Realeza de la Virgen, sin embargo es bien conocido que su fundamento teológico no es esa relación, sino su divina maternidad, y así lo ha entendido la piedad mariana durante siglos. Tanto es así, que mejor que decir: Reina porque ha subido a los cielos en cuerpo y alma; habría que decir: Asunta a los cielos en cuerpo y alma porque es Reina (vid. «Assunzione e la Regalità di Maria», en: L'Osservatore Romano, 25-26 agosto 1947, p. 4).

Un dato muy explícito en el Evangelio es la escena de la Visitación (Lc. 1, 39-45): «¿De dónde a mí que la madre de mi Señor venga a mí?». Es el primer acto de veneración que se hace a la Virgen como Reina. Fuera del texto de Lucas de la anunciación en que se da a Cristo la cualidad de Rey, el título de *Kyrios, Dominus,* Señor, dado a Cristo tiene en el *Nuevo Testamento* una impronta exclusivamente pascual.

El misterio pascual es el hecho de que Jesús no sólo es el Hijo de Dios encarnado, sino también que ha vivido en la forma servil, en la condición de *siervo* y además ha muerto y resucitado, el *Kyrios.* Es más, precisamente el hecho de que Él, como *Kyrios,* está ahora sentado a la derecha del Padre en ejercicio continuo y glorioso.

De ahí que la liturgia no vea en el Niño de Belén a un infante desamparado, sino al *Rey de reyes* y *Señor de los que dominan.* Son muy expresivos muchos textos de las fiestas de Navidad: «El Rey pacífico ha manifestado su gloria, aquel cuyo rostro ansía ver toda la tierra», canta la Iglesia en la primera antífona de las primeras Vísperas de Navidad. Todas las liturgias reproducen el pasaje de Isaías: «Porque un niño nos ha nacido, un hijo se nos ha dado: lleva al hombro el principado, y es su nombre: Maravilla de Consejero, Dios guerrero, Padre perpetuo, Príncipe de la paz» (Is. 9, 5).

La Encamación es considerada por San Juan desde un ángulo que le es querido y que es el mismo de la Iglesia en su liturgia. Lo que por encima de todo muestra la Encarnación al mundo, es la gloria de la divinidad del Verbo. La encarnación nos permite tocar la realeza eterna de Cristo. La antífona del *Magníficat* anuncia al Rey de reyes: «Cuando salga el sol, veréis al Rey de reyes, que viene del Padre, como el esposo sale de la cámara nupcial».

En el tierno Niño de Belén que nace en un establo la Iglesia en su liturgia y el mismo evangelio ven al fuerte y poderoso Rey divino, al Señor del universo. Uno de los responsorios de Navidad afirma que «hoy, por nosotros, se ha dignado nacer de la Virgen el Rey del cielo, para restituir a los hombres a los reinos celestiales». Es también muy expresivo el uso que la Iglesia hace del salmo 2 en la liturgia de Navidad: «Yo te constituyo Rey sobre Sión, sobre mi santo monte... El Señor me dijo: Tú eres mi Hijo: yo te he engendrado hoy. Pídemelo y te daré en herencia las naciones y te haré dueño de todos los confines de la tierra ...».

Se comprende que en el canto pascual de Sedulio se diga: «¡Salve, Madre Santa! ¡Virgen Madre del Rey, que gobierna cielo y tierra por los siglos de los siglos!», versos que han tenido y tienen un relieve peculiar en las fiestas de la Virgen María, sobre todo en la solemnidad de Santa María, Madre de Dios, del uno de enero, y es lamentable que no se haya incluido en el formulario litúrgico para la misa de Santa Reina, veintidós de agosto, aunque se ha conservado en el Antifonario (vid. M. Peinador, «La realeza de María en la Escritura», en: *Estudios Marianos,* t. 17, 1956, p. 33).

La idea de la realeza es, entre todas las que evocan la piedad y la teología marianas, la que mejor comprendieron y realizaron los artistas, en representación del pueblo fiel, del siglo XII y primeras décadas del XIII.

En la literatura mariana que produjo aquel renacimiento del culto de María iniciado por San Ambrosio Autperto, y continuado por San Anselmo y por San Bernardo, por sólo citar a tres destacados mariólogos y grandes devotos de María Virgen entre miles de monjes que siguieron la Regla de San Benito, el tema de la realeza de la Virgen, tuvo un relieve peculiar.

El motivo artístico de la coronación aparece con mucha frecuencia ya en el siglo de San Bernardo. Mucho antes cantaba la liturgia con referencia a la Virgen el texto del *Apocalipsis*: «Sobre su cabeza una corona de doce estrellas».

Entre las más antiguas representaciones de este misterio, se ve en un fresco de Santa María del Trastévere, pintado antes de mediar el siglo XII, y en la de un bajorrelieve del Senlis, veinte o treinta años después: la Virgen aparece ya coronada en presencia de su Hijo. El hecho propiamente dicho de la coronación, verificada primero por uno o varios ángeles y más tarde por el mismo Cristo en persona, es el que suelen representar en los pórticos góticos del siglo XIII.

La piedad popular reflejó en la antigüedad su amor a la realeza. Don Juan Manuel, en su *Libro de Patronio,* afirma que la Virgen María por su bondad y de modo especial por su humildad, *«mereció ser madre de Dios et Reina de los cielos et de la tierra, et ser señora puesta sobre todos los coros de los ángeles»*, en donde se ve claro la relación de la realeza de la Virgen con su maternidad divina y su plena realización en los cielos sobre los coros de los ángeles.

Gil Vicente, en el *Auto de la Sibila Casandra,* dice que fue Reina antes que nacida en razón de su futura maternidad divina: «Antes santa que engendrada;/ Preservada / Antes Reina que nacida;/ Eternamente escogida/ Muy querida/ Por Madre de Dios guardada, / Por virtud reina radiosa, / Generosa; / Por gracia emperadora, / Por humildad gran Señora, / Y hasta ahora / no se vio tan alta cosa».

Así también Pedro de Padilla: «A la Virgen pura, / como fue de Dios Madre verdadera, / también la herencia le quedó segura / del dominio de la alta esfera / a quien adorna tanta hermosura; / y en efecto, del mundo y cuanta encierra / como Reina de cielos y de tierra». La Virgen fue reina en su maternidad divina y lo seguirá siendo siempre, en la Pasión de su Hijo y en el cielo triunfante con Él como culmen de su reinado.

Son muchos los padres que proclaman la realeza de la Virgen María por ser de la tribu de David, pero principalmente por su maternidad divina y así la veneraba el pueblo fiel. En un himno atribuido a San Germán de Constantinopla (+733) se canta a la Virgen reina por ser la Madre del Rey (P. G. t. 98, col. 454):

«Canamus tubis, quia Regina omnium,
Mater Virgo, benevola est.
Et benedictionibus coronat laudatores suos.
Reges ex principes concurrant,
Atque excitatio plausu venerentur Reginam,
Quae Peperit Regem gaudentem a morte victos benigne solvere.
Pastores ac Magistri, Pastoris Boni
sanctissimam Genitricem una afferamus laudibus».

Así también Juan Eubocense (+749) que proclama a la Virgen Reina en razón de ser la Madre del Rey.

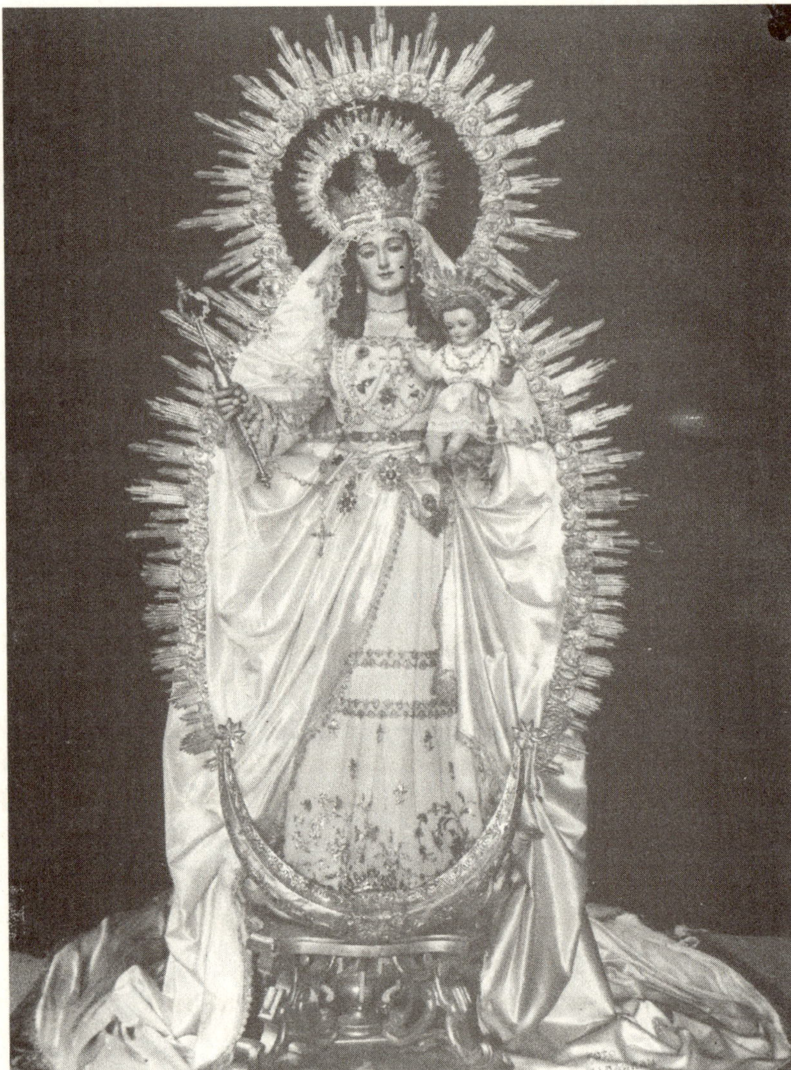

Virgen de las Nieves, magnífica obra de Juan de Astorga, venerada en la Santa María la Blanca, que antiguamente salía en procesión el 15 de agosto, con motivo del día de la Asunción.

REINA POR SU ASOCIACIÓN A LA OBRA DE LA REDENCIÓN

Pío XII lo indicaba en la encíclica *Ad Caeli Reginam* y muchos mariólogos lo han expuesto ampliamente: «No sólo por su divina maternidad, sino también porque, por voluntad divina, tuvo parte excelentísima en la obra de nuestra eterna salvación, la Virgen María debe ser llamada Reina». Se fundaban en que Pío XI en la institución de la fiesta de Cristo Rey, en la encíclica *Quas primas*, de 1925, ponía como base del derecho a ser Rey, no sólo su filiación divina, sino también el ser Redentor del género humano.

En la liturgia hay escasos textos alusivos a la realeza de la Virgen María en razón de su asociación a la obra redentora de Cristo por medio de su presencia en el calvario. Los pocos que se encuentran son muy tardíos en la liturgia occidental. La encíclica *Ad caeli Reginam* trae uno de la Misa de los Siete Dolores que la Virgen María: «Estaba en pie dolorosa junto a la cruz de Nuestro Señor Jesucristo Santa María, Reina del cielo y Señora del mundo»; o también: «Stabat iuxta Crucem Iesu Mater eius, in passione socia, totius mundi Regina».

En la piedad de los fieles este motivo de la presencia de la Virgen María en el Calvario para mostrar su realeza no aparece en las plegarias. Pienso que es equivocado mirar sólo al Calvario para hablar de corredención mariana. La Virgen fue asociada a la obra redentora de Cristo· desde su maternidad, desde que dio su asentimiento libre, meritorio y soteriológico a ser la Madre de Cristo Redentor.

Pero hay unas manifestaciones iconográficas en la piedad de los fieles que son de inmenso valor para mostrar que la realeza de la Virgen María ha sido manifestada en la iconografía con gran vigor y esplendor como en los *pasos* de las Dolorosas sevillanas en las procesiones de Semana Santa. No solamente llevan las dolorosas espléndidas coronas reales, sino que todo el conjunto del *paso* tiene una impronta regia de un modo insuperable: largo manto bordado, palio, alhajas, adorno de flores y cirios, baldaquino o palio… son una manifestación de su creencia que la Virgen, aún en sus misterios de dolor, es ante todo Reina.

San Isidoro en sus Etimologías dice sobre el nombre de María: «María, iluminadora o estrella del mar; engendró la luz del mundo. En lenguaje sirio María significa Señora, y muy propiamente, porque engendró al Señor». Resulta fácil ver como reafirmaría en su predicación el señorío de la Santísima Virgen. Si su nombre significa Señora, Reina, donde quiera que esté Señora y Reina será, aún cuando el fundamento principal de esa realeza sea ser la madre del Señor.

Deseo terminar este capítulo diciendo que nosotros, contemplando a María Señora y Madre la proclamamos Reina porque Ella es el Evangelio viviente. La proclamamos Reina porque Ella está unida a Cristo Mediador, la mediadora universal. La proclamamos Reina, porque Ella es triunfo Jubiloso de la Gracia Divina. ¡La Reina en el Dolor y en la Gloria!

EL DOLOR DE MARÍA LA HACE MADRE Y REINA

María al lado de la Cruz es la mujer «fuerte» de las Escrituras que contempla a su Hijo flagelado, crucificado y traspasado por la lanza: «Estaban en pie, junto a la Cruz de Jesús su Madre, Maria de Cleofás, hermana de su Madre, y María Magdalena. Jesús, entonces, viendo a su Madre y junto a Ella el discípulo que Él amaba, dijo a la Madre: 'Mujer, he ahí a tu Hijo'. Luego dijo al discípulo: 'He ahí a tu madre' » (Jn. 19, 25-27).

María se convierte en la Madre de los hombres por su participación en el sacrificio del Calvario, y es en el momento más dramático de la vida del Hijo cuando se le manifiesta su maternidad espiritual. Su presencia al lado de la Cruz es el punto culminante de su asociación a la misión salvadora de Cristo. Los sufrimientos ofrecidos en unión con el Hijo Redentor representan el acto más importante de su maternidad espiritual.

«María miraba las heridas del Hijo mientras todos huían. Ella se quedaba intrépida...; el Hijo colgaba de la Cruz... la Madre se ofrecía a sus perseguidores» (San Ambrosio, +397).

Cristo muere y su misión está cumplida, pero la misión de María empieza desde ese momento en adelante. En la regeneración de la humanidad, Ella es la nueva Eva, la Madre de los redimidos por íntima asociación con Cristo. En cuanto tal, su misión abraza como hijos a todos aquellos que la gracia divina une a Cristo. Esta nueva misión de María es necesaria para la plenitud de la Redención; es la fuente de la función de María hacia la Iglesia y del culto rendido a María.

Hilario de Poitiers (+367) habla de la Desolada a la que el Hijo quiso dar, bajo la Cruz, el consuelo de otro hijo en la persona del Apóstol Juan: «El Señor les dijo a ambos: 'Mujer he ahí tu hijo', y a Juan: 'He ahí a tu madre', para garantizar en la persona del discípulo el amor de un hijo y el consuelo de la desolada madre».

San Anselmo de Aosta (1033-1109) en varias obras nos presenta a María doliente: «Oh, Señora mía, sumamente misericordiosa, ¿Que lágrimas diré fluyeron de tu sumamente pío rostro mientras veías a tu Hijo Dios, tendido sin culpa en la Cruz?».

Desde el siglo XI fue desarrollándose el culto a la Dolorosa que se invocará con el título de *Desolada, Virgen de los Siete Dolores, Piedad, Angustias, Soledad* en España, *Vesperbild* en Alemania..., y tomaron cuerpo oraciones, pláticas y, de manera especial, la *Vía Matris,* en la que destaca el empeño para unir los dolores de Jesús con los de la María para dar una idea más clara de su papel de Corredentora.

En el Sínodo de Colonia de 1423 se estableció el culto público de la Dolorosa, con la fiesta de la Compasión, en contraposición con la herejía de los Husitas, que destruían las imágenes de María doliente. Benedicto XIII en el año 1727 fijaba esa celebración para el viernes de la Semana de Pasión. También se introduciría la fiesta de los Dolores Gloriosos el tercer domingo de septiembre.

Después de la última reforma litúrgica encontramos el día de la Dolorosa el quince de septiembre, enseguida después de la Exaltación de la Cruz que se celebra el día catorce del mismo mes. En varias localidades la Dolorosa recibe una celebración especial el Sábado Santo por la mañana.

Hoy, más que nunca, la figura de la Dolorosa es de plena actualidad; son muchas las mujeres que sufren la experiencia de la esclavitud, del rapto, de la violencia, madres que ven a sus hijos muertos. La actitud interior de cada cristiano, sobre todo en el sendero de la cuaresma, debe ser la participación, como la de Maria, en la obra liberadora de Cristo, para estar junto a Él en el camino del Calvario que lleva hacia la luz: *Per crucem ad lucem.*

Cultivar una especial devoción hacia la Dolorosa es algo necesario en nuestro tiempo cargado de egoísmo, guerra, violencias, dolores. Todo el dolor del mundo pasa a través de la *Mater Dolorosa* que intercede incesantemente por nosotros.

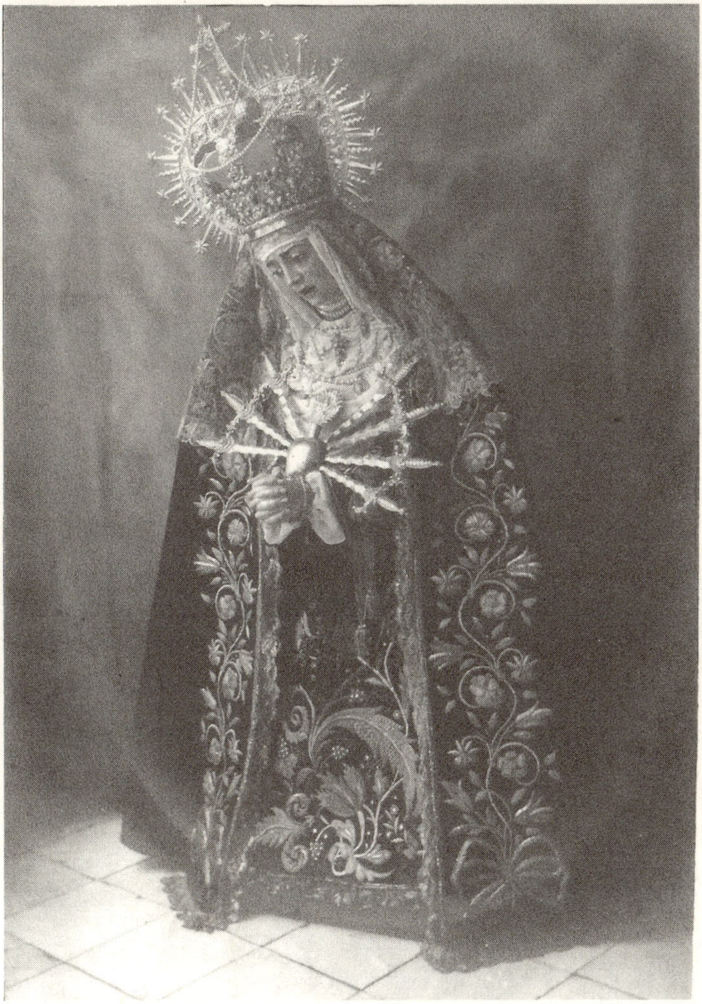

Nuestra Señora de los Dolores, patrona de la congregación del Oratorio de San Felipe Neri de Sevilla.

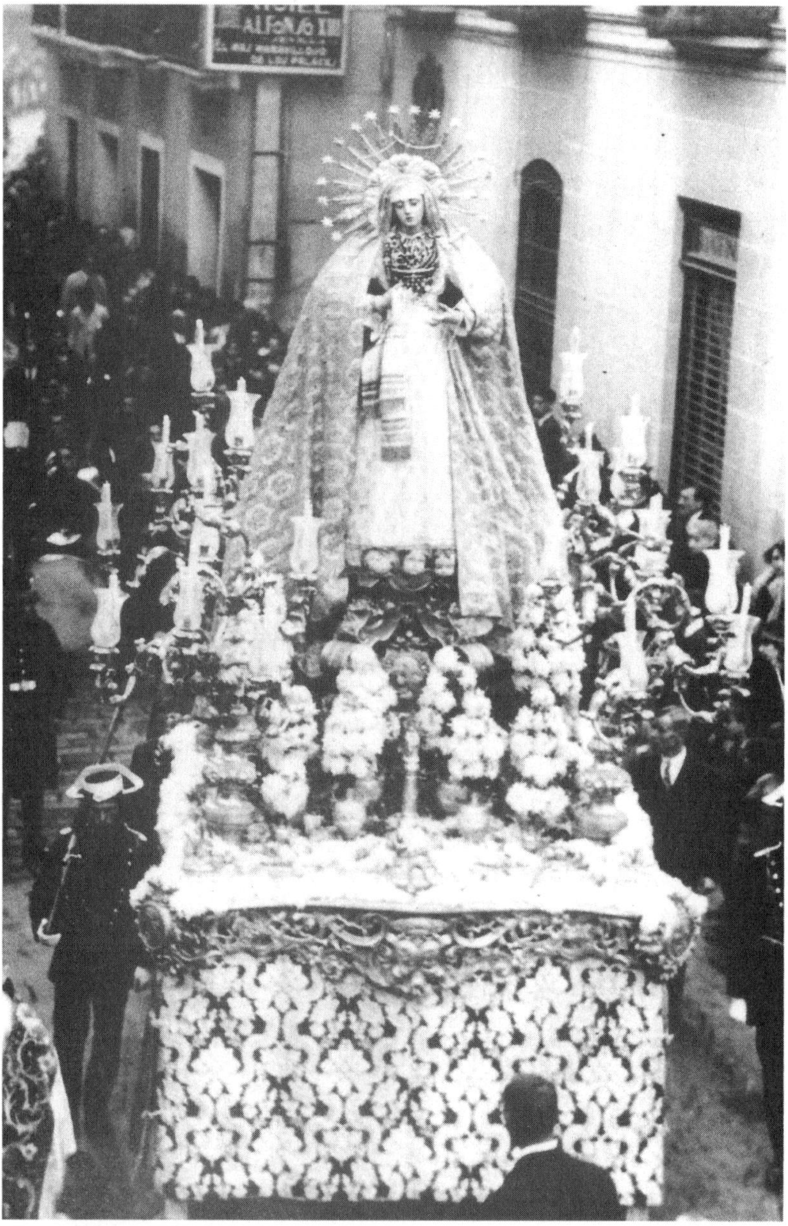

La Virgen de la Presentación de la Hermandad del Calvario
en el paso de la Virgen del Rosario de la Hermandad
de la Macarena en una procesión extraordinaria.

EL CORAZÓN INMACULADO Y DOLORIDO DE LA REINA DEL CIELO

El trece de octubre de 1917 la Virgen se presentó como Virgen del Rosario a Lucía, Francisco y Jacinta, los tres niños de Fátima, pero ya con anterioridad, el trece de Junio del mismo año, le había anunciado a Lucía que viviría más tiempo que Francisco y Jacinta, porque «Jesús quiere servirse de ti para hacerme conocer y amar. Él quiere establecer en el mundo la devoción hacia mi Corazón Inmaculado. A quien la acepte, le prometeré la salvación y esas almas serán amadas por Dios como flores colocadas por mí para adornar su trono». Lucía quedó turbada y María añadió: «No te desanimes, yo no te dejaré jamás; mi Corazón Inmaculado será tu refugio y el sendero que te llevará hasta Dios». Recuerda Lucía: «Delante de la palma de la mano derecha de la Virgen había un corazón coronado de espinas que parecían clavadas en él. Comprendimos que era el Corazón Inmaculado de María ultrajado por los pecados de la humanidad que pedía una reparación».

Se habla del Corazón Inmaculado de María sin añadir la palabra *Dolorido*, pero la representación gráfica deja ver claramente que se trata de un corazón dolorido: el corazón, símbolo del amor, no sólo lleva la llama que indica la intensidad del amor de María hacia nosotros, sino también las espinas que significan claramente el sufrimiento del corazón de la Virgen.

Los devotos del Corazón de Jesús, según la representación hecha por Santa Margarita María de Alacoque, saben que las espinas alrededor del Corazón de Jesús indican que Jesús ama pero no es amado a su vez, por eso sufre y nos pide un amor más intenso en reparación por el tiempo en que no le hemos amado como debíamos y por aquellos que no lo aman como deberían.

Esta manera de representar al corazón dolorido de María es nueva, porque hasta ese momento Nuestra Señora de los Dolores se representaba con su corazón traspasado por una o siete espadas para recordar los dolores sufridos por Ella, o, más sencillamente, por un corazón coronado de rosas que, obviamente, dejan suponer la presencia de las espinas.

San Alfonso, en *Las Glorias de María,* escribe: «Narra Pelbarto que le fue revelado a Santa Isabel que San Juan Evangelista, después de que la Virgen fue asunta en el cielo, deseaba volver a verla y recibió la gracia, y se le apareció la querida Madre y junto a Ella también Jesucristo y escuchó que María le preguntaba al Hijo que gracia especial le concedería a los devotos de sus dolores y que Jesús le prometió para ellos cuatro gracias principales:

— Que quien invoque a la Santísima Madre por sus dolores antes de la muerte, merecerá hacer verdadera penitencia de todos sus pecados.
— Que protegerá a esos devotos en las tribulaciones en que se encuentren, especialmente en el momento de la muerte.
— Que grabará en ellos el recuerdo de su Pasión y luego, en el cielo, les dará el premio.
— Que a esos devotos los colocará en las manos de María, para que disponga de ellos a su placer y les obtenga todas las gracias que quiera».

Y San Alfonso concluye relatando la conversión y la salvación de un gran pecador que se salvó justamente por su devoción a los dolores de María.

Se atribuyen a Santa Brígida, gran devota de la Pasión de Jesús y de la Compasión de María, la revelación de los siete momentos más especialmente dolorosos de la vida de la Virgen:

— En la profecía de Simeón cuando supo que habría de padecer por su Hijo Jesús (Lc. 2, 33-35).
— En la persecución de Herodes y en la huida a Egipto (Mt. 2, 1-23).
— En la pérdida de Jesús en el Templo de Jerusalén (Lc. 2, 45-51).
— En el encuentro con su Hijo con la Cruz a cuesta camino del Calvario (Mt. 27, 31-33).
— En la Crucifixión y Muerte de Jesús (Jn. 19, 25-27).
— En el descendimiento de Jesús cuando recibió en sus brazos el Cuerpo maltratado y muerto del Hijo (Jn. 19, 31-38).
— En el Entierro de su Hijo, cuando depositó a Jesús en la tumba y Ella se quedó en triste soledad (Jn. 19, 39- 42).

También Santa Brígida, en sus *Revelaciones Celestes*, que fueron aprobadas por la Iglesia, afirma que Nuestra Señora le prometió que concedería siete gracias a quien rece cada día siete avemarías en honor de sus dolores o lágrimas:

— Pondré paz en sus familias.
— Serán iluminados sobre los divinos misterios.
— Los consolaré en sus sufrimientos y los acompañaré en sus fatigas.
— Les daré todo lo que me pidan, con la condición de que no vaya en contra de la adorable voluntad de mi Divino Hijo y de la santificación de sus almas.
— Los defenderé en los combates espirituales contra el enemigo infernal y los protegeré en todos los momentos de la vida.
— Los asistiré de manera visible en el momento de la muerte.
— He conseguido de mi Hijo que aquellos que propaguen esta devoción (para con mis lágrimas y mis dolores) sean trasladados de la vida terrenal a la felicidad eterna direc-

tamente, porque quedarán destruidos todos sus pecados y mi Hijo y yo seremos su eterno consuelo y alegría.

Podemos añadir la promesa que le hizo María a Sor Lucía de Fátima el diez de diciembre de 1925: «Mira, hija mía, mi corazón coronado de espinas, que los hombres ingratos me clavan en cada momento con blasfemias y desagradecimientos. Tú, por lo menos, intenta consolarme y di que prometo asistir, en la hora de la muerte, con todas las gracias necesarias para la salvación, a todos aquellos que, en el primer sábado de cinco meses seguidos, se confiesen, reciban la santa comunión, reciten la corona y me acompañen durante un cuarto de hora meditando los quince misterios del rosario, con la intención de ofrecerme desagravio».

¿Por qué tantas promesas en las revelaciones privadas para inducir a los fieles a honrar los dolores de la Madre de Jesús y nuestra? Porque Jesús ama a María, ya que es su madre, y sabe todo lo que sufrió en unión con Él para nuestra salvación. Nosotros fuimos salvados del infierno por la muy dolorosa Pasión de Jesús y, querido por Dios, por la muy dolorosa compasión de la Virgen.

Todo lo que Jesús sufría en el cuerpo y en su espíritu, María lo sufrió en su propio corazón, y podríamos también pensar que lo sufrió en su cuerpo por una comunión mística (que esta ciencia ha podido comprobar en algunas almas privilegiadas), en consideración de la intensidad del amor de María hacia Jesús y por la total identificación que hay entre María y Jesús gracias a ese amor.

Jesús es nuestro Redentor por su Pasión, María es nuestra Corredentora por su Compasión junto a Jesús como Nueva Eva, madre de la humanidad redimida. Del mismo modo en que honramos la Pasión redentora de Jesús, debemos sentir, por deber de agradecimiento y sobre todo como hijos afectuosos, la necesidad de honrar la Compasión de María.

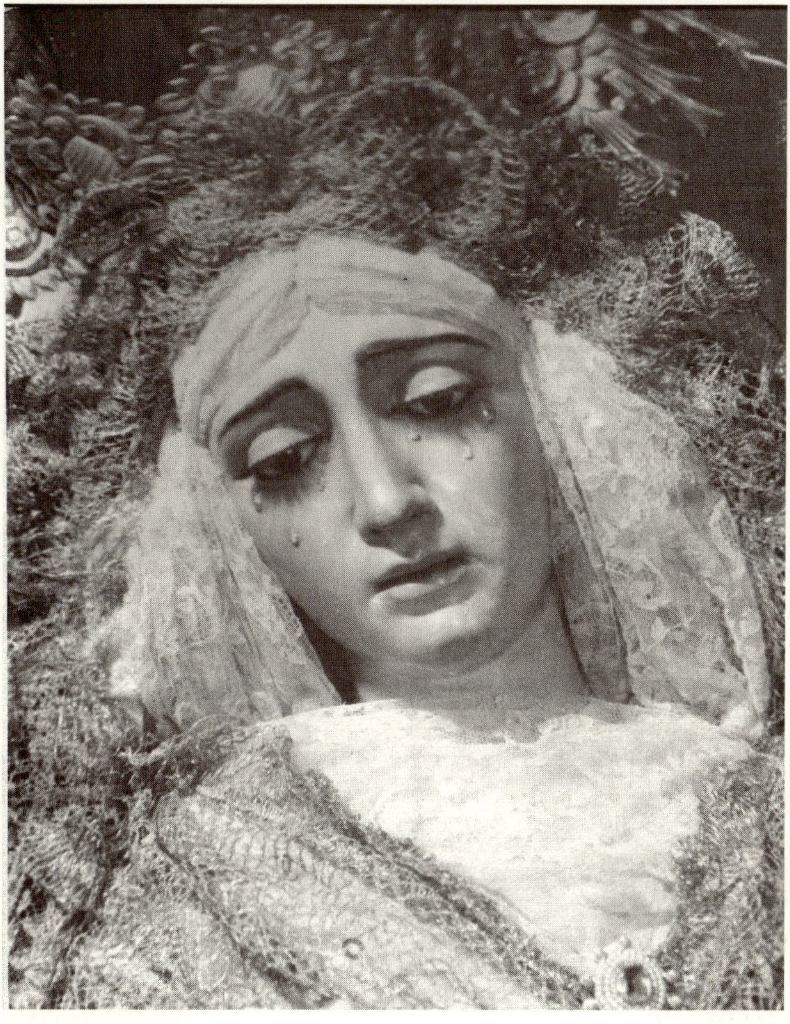

La bellísima Virgen de la Victoria, llamada con cariño la Cigarrera, sin duda una de las dolorosas con más historia. Hasta el rey Alfonso XIII presidió en persona su paso en la estación de penitencia.

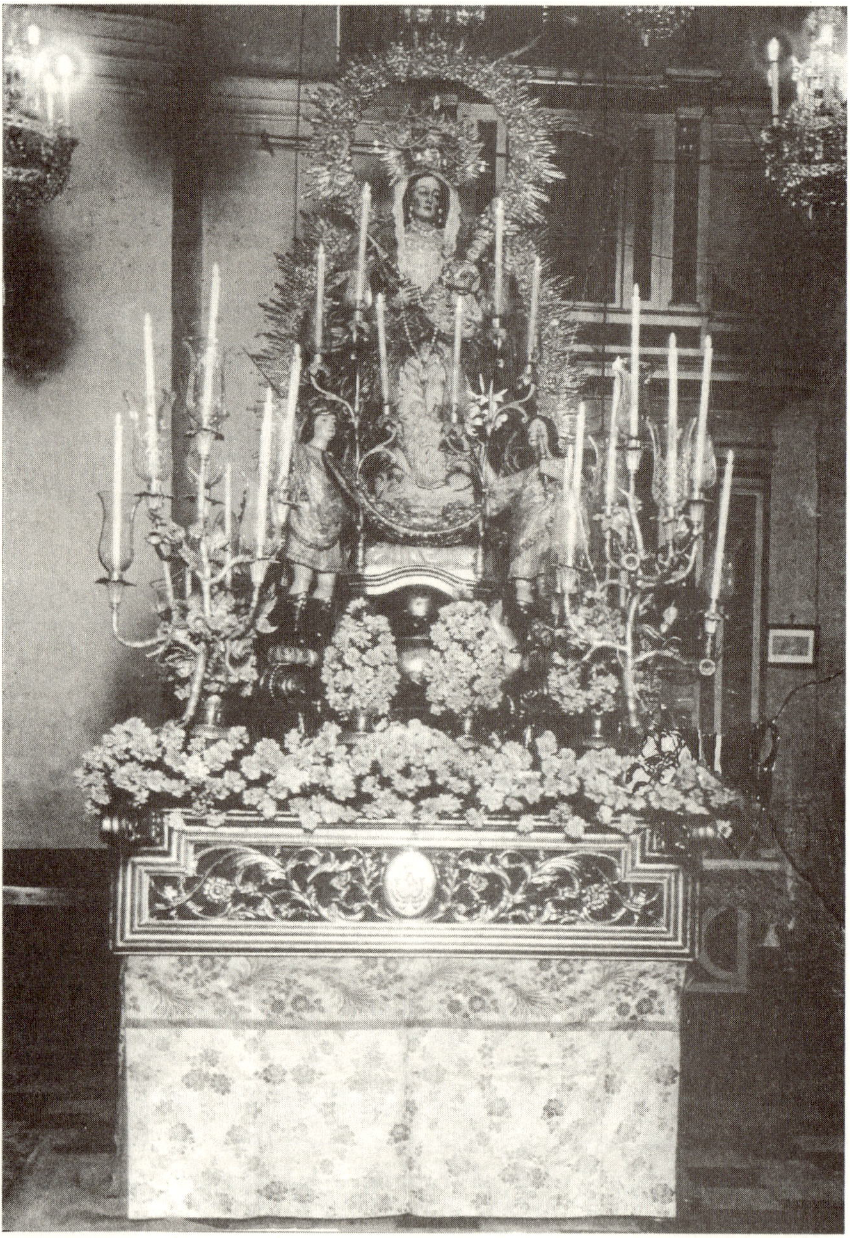

Virgen de la Salud de San Isidoro en su antiguo paso.

INVOCACIÓN A MARÍA: «OH SEÑORA, OH MADRE, OH REINA»

La espiritualidad mariana, como la presenta Tradición de la Iglesia, brillantemente precisada por el Vaticano II en la *Lumen gentium* y por San Pablo VI en su *Marialis cultus*, apoyada en las fuentes de la revelación, se resume en el culto, en el amor filial, como a Madre, y en la imitación, como modelo.

Resta un rasgo para concluir la imagen de la espiritualidad mariana, como se nos ha encomendado. Este rasgo es el que pudiéramos llamar *invocación*, que no implica ninguna clase de egoísmo. Es humildad o reconocimiento de nuestra flaqueza, en el plano de la salvación, y aceptación de ese mismo plano, como Dios lo ha escogido y querido.

Por esta doctrina empieza el Vaticano II cuando trata de la relación de la Santísima Virgen y la Iglesia (Lumen gentium, cap. VIII, núm. 60): «Uno sólo es nuestro Mediador (cf. I Tim. 5-6). Sin embargo, la misión maternal de María.... no oscurece ni disminuye .... esta mediación única de Cristo ... Todo el influjo salvífico de la Santísima Virgen ... no dimana de una necesidad ineludible, sino del divino beneplácito y de la superabundancia de los méritos de Cristo; se apoya en su mediación y depende totalmente de ella».

Si se recuerdan los dos pasos marianos del cuarto Evangelio, se verá que la doctrina del Vaticano II tiene allí su mejor confirmación. Examinemos primero el milagro de las Bodas Caná (Jn. 2, 1-11): María observa la falta de vino;

María la presenta a Jesús. Sigue el diálogo. María concluye de él que Jesús piensa hacer algo singular. Por eso previene a los criados y les dice: «haced lo que Él os diga». No cabe duda de que el milagro lo ha hecho Cristo. De él es el *primer signo,* de Él es la gloria y en Él creen los discípulos.

La presencia y la acción de María preparan la entrada de Jesús y terminan allí, donde empieza a actuar el Salvador. Ella puso al *Logos* en el mundo y lo pone en el corazón de todos los creyentes. Es la función de las madres: traer a los hombres al mundo, los que van a hacer y deshacer tantas cosas, sin perder nunca su responsabilidad, su mérito y su demérito.

Lo mismo ocurre en el Calvario. María está allí, enhiesta, «junto a la cruz de Jesús». No está en la cruz, que es del Hijo. Está junto: sufre y calla. El Hijo, por propia iniciativa y voluntad, ve a la Madre y se dirige a Ella y al *discípulo amado,* como ya hemos señalado. A partir del sublime diálogo, es el discípulo el que actúa allí más activamente: oyó a Jesús, vio a la Madre de Jesús y «la llevó a su casa», es decir, como dice Toledo: «La tomó entre sus cosas más queridas».

Aquí tenemos el fundamento bíblico de nuestra invocación a María: su presencia en Caná, su preparación de los siervos, su presencia junto a la cruz de Jesús, sus relaciones con el discípulo Amado. Ella ve, oye, representa, prepara los corazones. Jesús hace la obra.

La visitación de la Virgen a la casa de Isabel y Zacarías entraba en los planes de Dios. Así parece deducirse de la alusión que hace el ángel al parto milagroso de Isabel (Lc. 1, 36). La intención primera que refleja el texto era demostrar, con un ejemplo cercano a María, que Dios ejerce su acción y poder en el nacimiento de los hombres, y que el nacimiento del Mesías iba a ser especialmente de Dios. Y se presenta como un ejemplo de lo que puede Dios en este plano con la concepción del hijo de Isabel.

La Virgen vio en esta alusión no solamente un ejemplo más que confirmaba su fe en el poder de Dios, sino también una invitación para visitar a su pariente, cumpliendo así el consejo que luego dará el apóstol, de alegrarse con los que se alegran.

No perdamos de vista este punto primero de apoyo: la Visitación entraba en los planes de Dios sobre la Virgen. Es decir, que Dios quería que la Madre de Jesús fuese a la montaña. Y notemos que esta visita es el primer acto que realiza la Virgen desde que es Madre de Jesús. Acto que entraba en el marco vocacional que Dios le había asignado.

Examinemos ahora la dirección interna y literaria de la narración. Llama la atención la prisa o diligencia que pone María en realizar la visita. Su viaje siguió muy inmediato a la Anunciación, y fue muy directo. Esto es lo que significa aquel, «cum festinatione», inmediatamente, de Lc. 1, 39.

Si no conociéramos muy bien el peso natural y sobrenatural que dirigía las acciones de María, hubiéramos podido pensar que se trataba de una prisa juvenil y de hasta una curiosidad femenina o de un deseo humano de manifestación.

Nada de esto explica el interés y la prisa de la visita. No va para constatar por sí misma las palabras del ángel. Ella ha creído desde el principio e Isabel alabará su fe. Tampoco va por una exaltación juvenil. Ha mantenido toda su serenidad ante el anuncio halagador de que iba a ser madre, y del mesías prometido. No va tampoco para revelarse lo que mantendrá en secreto ante el esposo, José.

¿Cómo explicar su interés por la visita? Una razón, desde luego la primera, es haber visto que se trataba de una invitación divina. Otra razón puede ser su espíritu de caridad. Su trato íntimo y antiguo con Isabel le hizo pensar en la alegría que sentiría aquella anciana hecha inesperadamente madre.

¿Vio la Virgen algún otro motivo más directamente ligado con su misión? No es fácil probarlo en la psicología de entonces que tenía María. Pero si es cierto que Lucas ha dicho más en su Evangelio. Su narración se concreta en los efectos de la visita. Apenas

María da la paz a Isabel, y «ut audivit salutationem», cuando oyó el saludo, el Niño exulta en el seno de la madre, y ésta se siente llena del Espíritu Santo y contesta al saludo de María, dándose por enterada del misterio del Mesías, que está en el seno de María.

Esta responde con el *Magníficat*. Es decir, el fondo de la narración de Lucas está en los efectos que produjo la presencia y la palabra de María en la casa de Isabel. Fuente divina que está llena del Espíritu Santo y se derrama en su alrededor, en Isabel y el Niño.

Si éste es el fondo y la esencia de la Visitación planeada y querida por Dios, es que en los planes de Dios entraba también que la primera santificación del precursor del Mesías se obrase por medio de la Madre de Jesús. El que había de ser *el Bautista*, recibe ahora el bautismo de gracia por medio de María, portadora del agua viva (cf. J. Leal, «La acción de la Virgen en el sacerdote, según los evangelios», en: *Surge*, t. 11, 1953, pp. 160-166).

Como conclusión de nuestra meditación bien se puede sostener que la espiritualidad mariológica, como la presenta el Vaticano II, tiene su mejor apoyo en los Evangelios y que cualquier cristiano que quiera realizar el ideal del Evangelio puede encontrar el camino en María, «la Madre de Jesús».

Su presencia en casa de Isabel, en Caná de Galilea y en el Calvario, la *hora de Jesús*, fue presencia activa y fuente de bendiciones. Así lo ha comprendido siempre el *sensus fidei*. Así lo demuestra la historia viviente de la Iglesia. Allí donde hay un santuario de María, un centro de culto mariano, allí hay una fuente de bendiciones y de oración.

Allí se revela la gloria de Cristo, allí nace y crece la fe de los discípulos, como en Caná; allí está la alegría sobrenatural, como en el niño de Isabel. Allí viene el Espíritu de Dios, como en Isabel, madre del Precursor.

Estos son los planes misteriosos de Dios. Todo lo había podido hacer Él solo, como hizo al principio del mundo, pero, de hecho, en la historia de la salvación, aunque el autor fuera el *Logos* encarnado, segundo Adán, ha querido asociar a ella a María la «Madre de Jesús», la segunda Eva. Como por un hombre y una mujer entró la muerte en el mundo, así quiso Dios que, por otro hombre y otra mujer, entrara en Él la vida.

FUNDAMENTOS DEL RITO DE LA CORONACIÓN CANÓNICA DE UNA IMAGEN DE LA VIRGEN

Entre los muchas prácticas que podríamos tratar sobre las incidencias de la realeza de la Virgen María en la piedad mariana, he escogido dos, que considero muy importantes, por el uso que *el pueblo de Dios* hace de ellos: la antífona *Salve Regina*, a modo de preámbulo, para entrar de lleno en el comentario del rito de la coronación canónica.

Ésta es, sin duda, el caso más sorprendente de cómo una antífona litúrgica puede hacerse inmensamente popular en la piedad cristiana. No puede compararse con otras antífonas similares como *Ave, Regina Caelorum*, ni siquiera con *Regina caeli, laetare.*

Muchos monasterios y conventos establecieron que se recitase o cantase todos los días, sobre todo los que tenían y tienen una imagen de la Virgen de gran veneración popular, como el de Einsiedeln, Montserrat y tantos otros. Luego fueron familias monásticas u otros institutos religiosos los que la adoptaron para ser recitada o cantada bien diariamente o con mucha frecuencia. Una nota singular de esta antífona y plegaria a la vez litúrgica y de veneración popular es la adjetivación *de misericordia*, tanto si se une a la palabra Reina o Madre. Es una nota peculiar del reinado de la Virgen María e indica en primer lugar su poderosa intercesión.

Algunos se preguntarán qué valor tiene hoy la coronación de las imágenes de la Virgen Santísima: para la Iglesia coronar a la Virgen no es sino reconocer en Ella a la Madre y primera criatura del nuevo pueblo fiel, atenta al mensaje y a las exigencias del Evangelio. Ella es, por tanto, Reina de todos los que quieren colaborar en el establecimiento del Reino de Dios y su justicia.

No olvidemos que María es Reina, principalmente, por su divina maternidad. El capítulo VIII de la Constitución dogmática *Lumen Gentium* citada tiene un párrafo muy expresivo sobre la relación de la Asunción de la Virgen María y su reinado universal, sin que deba atribuirse a esto una relación de causa-efecto.

Estas son las palabras del Concilio: «Finalmente, la Virgen Inmaculada, preservada inmune de toda mancha de culpa original terminado el curso de su vida terrena, fue asunta en cuerpo y alma a la gloria celestial y fue ensalzada por el Señor como Reina universal con el fin de que se asemeje de forma más plena a su Hijo, Señor de señores y vencedor del pecado y de la muerte» (nº 59).

Aunque en la actualidad se asocian en la piedad de los fieles Asunción y Realeza de la Virgen, sin embargo, es bien conocido que su fundamento teológico no es esa relación, sino su divina Maternidad, y así lo ha entendido la piedad mariana durante siglos. Tanto es así, que mejor que decir: Reina porque ha subido a los cielos en cuerpo y alma, habría que decir: Asunta a los cielos en cuerpo y alma porque es Reina.

María reina por su asociación a la obra de la redención. Pío XII lo indicaba en la Encíclica *Ad Caeli Reginam* y muchos mariólogos lo han expuesto ampliamente: no sólo por su divina maternidad, sino también por su papel querido por Dios en la obra de la salvación, la Virgen María debe ser llamada Reina. Se fundaban en que Pío XII, en la institución de la fiesta de Cristo Rey, por la Encíclica *Quas primas* de 1925, ponía como base del derecho a ser Rey no sólo su filiación divina, sino también el ser Redentor del género humano.

Algunos se preguntarán qué valor tiene hoy la coronación de las imágenes de la Virgen Santísima, pero para la Iglesia coronar a la Virgen, no es sino reconocer en Ella a la Madre y primera criatura del nuevo pueblo fiel, atento al mensaje y a las exigencias del Evangelio. Ella es, por tanto, Reina de todos los que quieren colaborar en el establecimiento del Reino de Dios y su justicia.

Se ha comprobado ampliamente que la religiosidad popular mariana ha aumentado considerablemente en el período posconciliar, como lo prueban los testimonios de muchos santuarios marianos diseminados por todo el mundo.

Lo mismo puede decirse de las fiestas locales en honor de las imágenes de la Virgen a las que tienen por Patrona. Se comprueba, además, la óptima calidad de ese culto en comparación de épocas no muy lejanas, pero, ciertamente, preconciliares.

En todo ese tiempo se han prodigado las diversas coronaciones a la imagen de la Virgen Santísima, bajo advocaciones numerosísimas. El carácter regio de la Virgen es recordado numerosas veces en las peregrinaciones del Papa Juan Pablo II, que en multitud de ocasiones ha terminado sus viajes con coronaciones o actos de devoto ofrecimiento y exaltación a la Virgen Santísima. El rito de la coronación de las imágenes de la Virgen María tiene en la actualidad sólidas bases, tal vez como nunca las ha tenido en toda la historia del cristianismo.

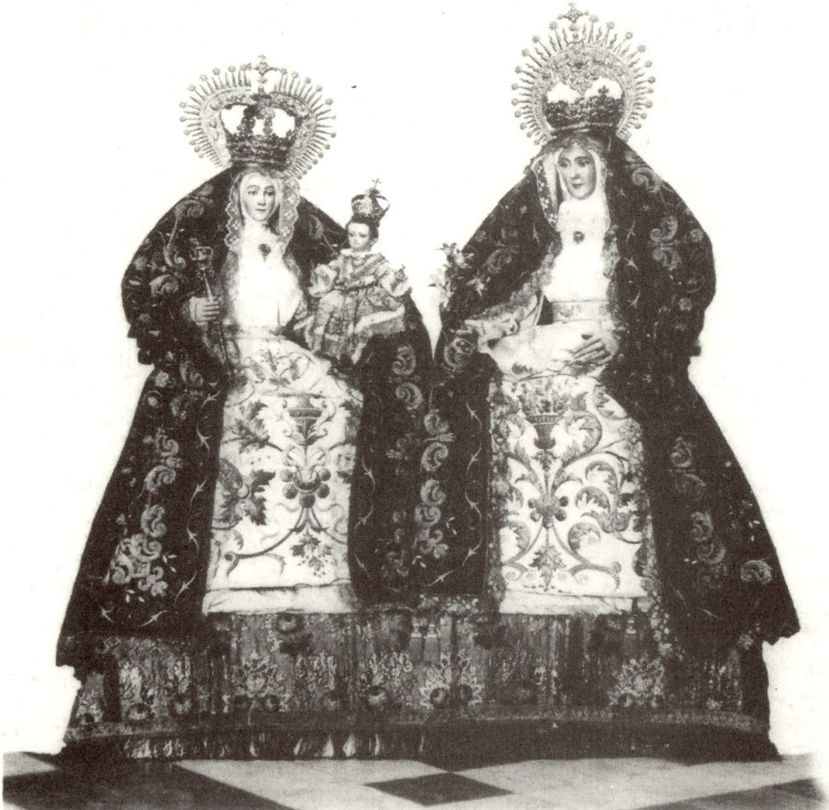

HISTORIA DEL RITO DE LA CORONACIÓN CANÓNICA DE UNA IMAGEN DE LA VIRGEN

La costumbre de coronar la imagen de la Santísima Virgen en una ceremonia solemne data del siglo XVI, y fue su patrocinador el padre capuchino Jerónimo Paolucci de Calboli da Forli (1522-1620). Este piadoso capuchino solía terminar sus predicaciones, ordenadas en cursos especiales, a modo de misiones populares, y muy características a partir del Concilio de Trento, con la coronación de las imágenes de la Virgen Santísima más veneradas en la región o en el ámbito en que tenían lugar esas predicaciones misioneras de los pueblos.

De este modo honraba a la Virgen María con una ceremonia extrema de gran relieve, a la que ya había tenido como objeto más importante y principal en las mismas predicaciones. La ceremonia tenía también un aspecto penitencial y un propósito de promoción de la austeridad y desprendimiento de las vanidades de este mundo.

Había notado que las mujeres acudían muy engalanadas con sus joyas, y les hacía ver que era menester desprenderse de ellas y ofrecerlas a la Virgen María. Con esas alhajas se confeccionaba la corona con la que la imagen de la Virgen María había de ser coronada (vid. Donato di San Giovanni di Persiceto, P. Gerolamo di Calboli Capuccino, Forlì, 1939, pp. 26-7).

Como era de esperar, esa iniciativa fue seguida por otros venerables capuchinos, sobre todo por Fray Fidel de San Germán (+1623). Tanto se propagó esa costumbre que se creó dentro de la Orden de los Capuchinos la Pia Opera dell'Incoronazione, que se hizo más universal cuando uno de los fieles que se conmovieron, de Borgonovo, Alejandro Sforza Pallavicino, dispuso en su testamento, del tres de julio de 1636, que se donase una buena cantidad de dinero al Capítulo de San Pedro del Vaticano, para que éste, después de la muerte del conde, procurase coronar las imágenes más célebres de la Virgen María. Este es el origen de que para coronar canónicamente una imagen de la Virgen se necesitase el permiso del Capítulo de San Pedro del Vaticano (vid. G. Roschini, *La Madre de Dios,* t. II, Madrid, 1995, p. 561).

Al asumir tal prerrogativa el Capítulo de San Pedro del Vaticano, se vio la necesidad de elaborar un ritual especial para esta ceremonia. No se sabe en qué fecha se redactó ese ritual. Ciertamente fue en el siglo XVII, pero no entró en el *Pontifical Romano* hasta el veintinueve de marzo de 1897, con la diferencia de que en el *Ordo* elaborado por el Capítulo Vaticano la coronación de la imagen de la Virgen tenía lugar después de la celebración de la Misa y en el que promulgó, en la fecha indicada, por la Sagrada Congregación de Ritos para insertarlo en el *Pontifical Romano,* se prescribe que la coronación se tenga antes de la Misa. Así fue cómo una manifestación espléndida de la religiosidad popular en honor de la Virgen Reina pasó a ser rito litúrgico.

El rito comenzaba con la antífona mariana *Sub tuum praesidium.* Seguía luego la bendición de la corona de la Virgen o de las coronas si había que coronar también la imagen del Niño Jesús que tenía la imagen de la Virgen.

Una vez bendecidas la corona o las coronas se procedía a imponerlas, mientras se cantaba la antífona *Regina caeli, laetare*; el obispo, ministro ordinario de esta celebración, revestido de pontifical, recitaba una fórmula en la que se pedía que así como era coronada en la tierra, del mismo modo, por intercesión de la Virgen, merezcamos ser coronados en el cielo por su Hijo Jesucristo. Al imponer la corona en la imagen del Niño Jesús se omitía la alusión a la Virgen. Después de incensar la imagen coronada, se recitaba una oración en la que se aludía a la Virgen María, como Reina de misericordia. Todo terminaba con el *Te Deum*, después de la Misa.

En la edición del *Pontifical Romano* del trece de abril de 1961, se introdujeron algunas modificaciones en este rito. En su título se puso *Ordo ad imaginem B. Mariae Virginis coronandam*. Se omitió la antífona *Sub tuum praesidium* y como canto propio de la coronación se prescribió la *Salve, Regina* y se reservó la antífona *Regina caeli* sólo para las coronaciones que se realizaran durante el Tiempo Pascual. También se omitió la expresión: *gratiosissimam Dominam nostram* en la oración final.

Es importante señalar el apoyo que encontró esta ceremonia en los Sumos Pontífices, que secundando la piedad popular, como acertadamente se dice en la Encíclica de Pío XII *Ad caeli Reginam*, por sí mismo o por sus delegados especiales coronaron numerosas imágenes de la Virgen María.

La primera que se recuerda fue la que hizo Pío VI, el tres de mayo de 1782, con la imagen de Santa María del Popolo en la catedral de Cesena. Pío VII hizo tres coronaciones: el treinta de junio de 1800 la imagen de la Virgen de la catedral de Spoleto; en febrero de 1801 coronó la imagen de la Virgen de Loreto, y el diez de mayo de 1815 la imagen de la Virgen de la Misericordia de Savona.

A veces una misma imagen ha sido coronada diversas veces por motivos diferentes, como es el caso del icono de la Virgen Salus Populi Romani de Santa María la Mayor de Roma, cuya imagen fue coronada por el Papa Clemente VIII, de nuevo lo fue por Gregorio XVI el quince de agosto de 1838 y, finalmente, por Pío XII el uno de noviembre de 1954.

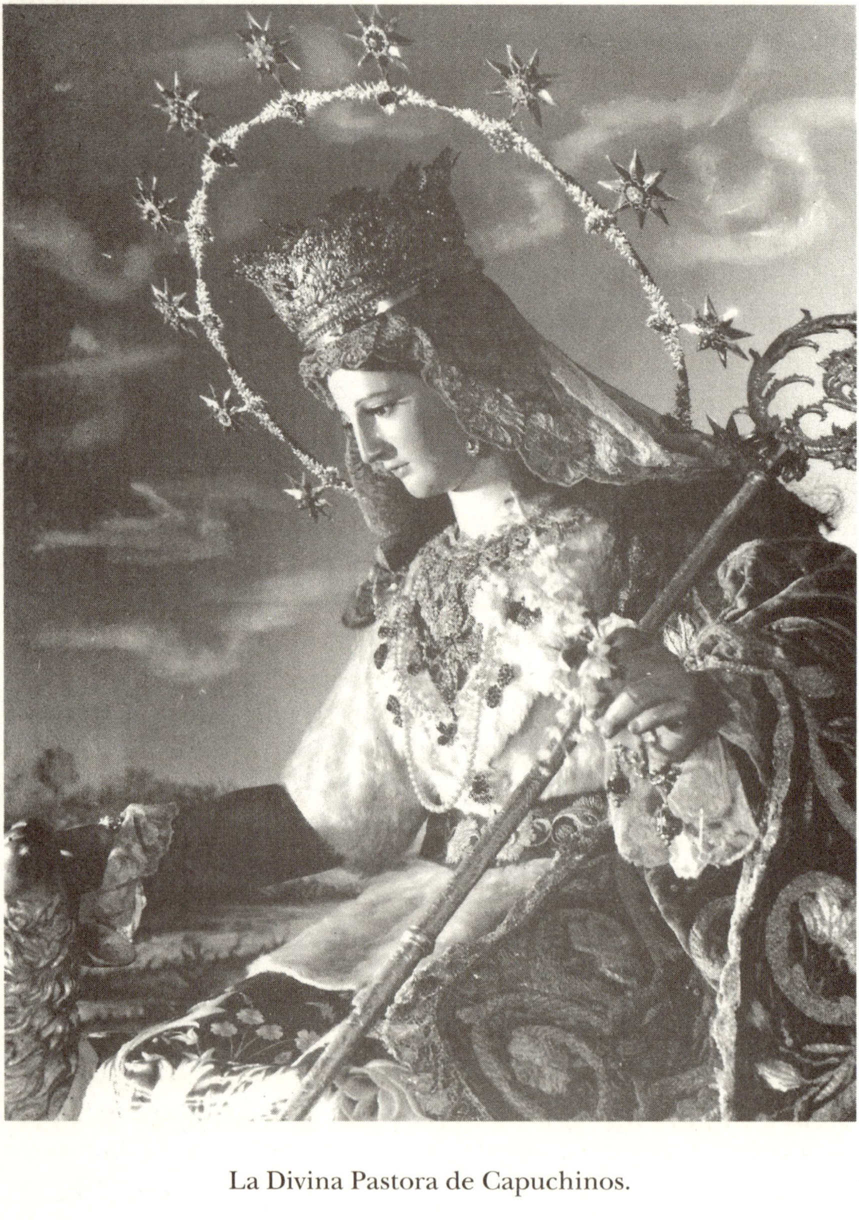

La Divina Pastora de Capuchinos.

EL RITO ACTUAL EN SUS FÓRMULAS Y EN SUS NORMAS

Como ya es costumbre en los rituales que se han promulgado después del concilio Vaticano II, precede al desarrollo del rito unos *praenotanda* en los que se dan una síntesis doctrinal del mismo y algunas indicaciones sobre el ministro, el día de su celebración y las cosas que se han de preparar.

En los prenotandos del *Ordo* para coronar la imagen de la Bienaventurada Virgen María, después de unos datos históricos, se expone que por ese rito se confiesa que la Bienaventurada Virgen María con razón es considerada e invocada como Reina y se dan las razones ya conocidas: por ser la Madre del Hijo de Dios y Rey mesiánico y Socia santísima del Redentor.

Pero se añaden otras dos: una, por ser perfecta discípula de Cristo, pues la Virgen de Nazaret fue obediente al oráculo divino, progresó en la peregrinación de la fe, escuchó y guardó la Palabra de Dios, permaneció fielmente unida a su Hijo hasta en la cruz, perseveró con la Iglesia en la oración, progresó en el amor de Dios, y por lo mismo mereció de modo eminente la *corona de justicia* (cf. II Tim. 4, 8), la *corona de la vida* (Sant. 1, 12; Ap. 2, 10) y la *corona de gloria* (I Pe. 5, 4) prometida a los fieles discípulos de Cristo. Se citan a continuación las palabras de la *Lumen Gentium*, nº 59, alusivas a la realeza de la Virgen María.

La otra, por ser miembro supereminente de la Iglesia, de la cual es, según expresión de San Pablo VI en su alocución a los Padres conciliares, el veintiuno de noviembre de 1964, «portio maxima, portio optima, portio praecipua, portio electissima», por lo cual es invocada con razón como Señora de los ángeles y de los hombres y Reina de todos los santos.

En la legislación actual se deja al obispo diocesano juzgar sobre la oportunidad de coronar una imagen de la Virgen María, juntamente con la comunidad local, por la influencia que de ella dimana en la vida espiritual de la localidad e Iglesia particular. Se insiste mucho en la preparación espiritual de los fieles, para que descuelle sólo la impronta religiosa del acto.

Antes se tenía muy en cuenta que las coronas usadas para esta ceremonia fuesen muy ricas, como signo de la veneración del pueblo de Dios, que contribuía en la medida de sus posibilidades a costearla. Ahora se indica en los prenotandos que esas coronas sean dignas, pero que no tengan demasiada magnificencia y suntuosidad de gran esplendor y abundancia de piedras preciosas. Todo ha de estar a tono con la sobriedad del culto.

En cuanto al ministro se indica que convenientemente sea el obispo diocesano, pero él, por una causa justa, puede encomendar ese ministerio a otro obispo o a un presbítero, de modo especial al que tiene la cura pastoral de la iglesia en que está la imagen que se ha de coronar.

Se indica que esta ceremonia se celebre en las solemnidades y fiestas de la Virgen María o en otras fiestas, pero no en las máximas solemnidades del Señor ni en los días que tienen un carácter penitencial.

La coronación puede hacerse bien dentro de la Misa, en las Vísperas o en una celebración de la Palabra.

Deseo terminar diciendo que nosotros, contemplando a María Señora y Madre la proclamamos Reina porque Ella es el Evangelio viviente. La proclamamos Reina porque Ella está unida a Cristo Mediador, la Mediadora Universal. La proclamamos Reina, porque Ella es el triunfo jubiloso de la Gracia Divina. ¡La Reina en el Dolor y en la Gloria! La realeza convierte a Maria en la Omnipotencia Suplicante. Es Madre de la Iglesia, por ser Madre de Jesucristo, cabeza del cuerpo místico, Madres por consiguiente del Cristo total.

Cada coronación ha sido, hasta las últimas, distinta y solemnísima: tanto en las plazas, como la de María Auxiliadora o en el Altozano la O, o en la Catedral la mayoría; o en plazas emblemáticas y pueblos, donde siempre los priostes han dado muestras de su creatividad con escenarios barrocos, únicos, para esas coronaciones de las imágenes de la Virgen y de su Niño, como la última de la Santísima Virgen de Escardiel.

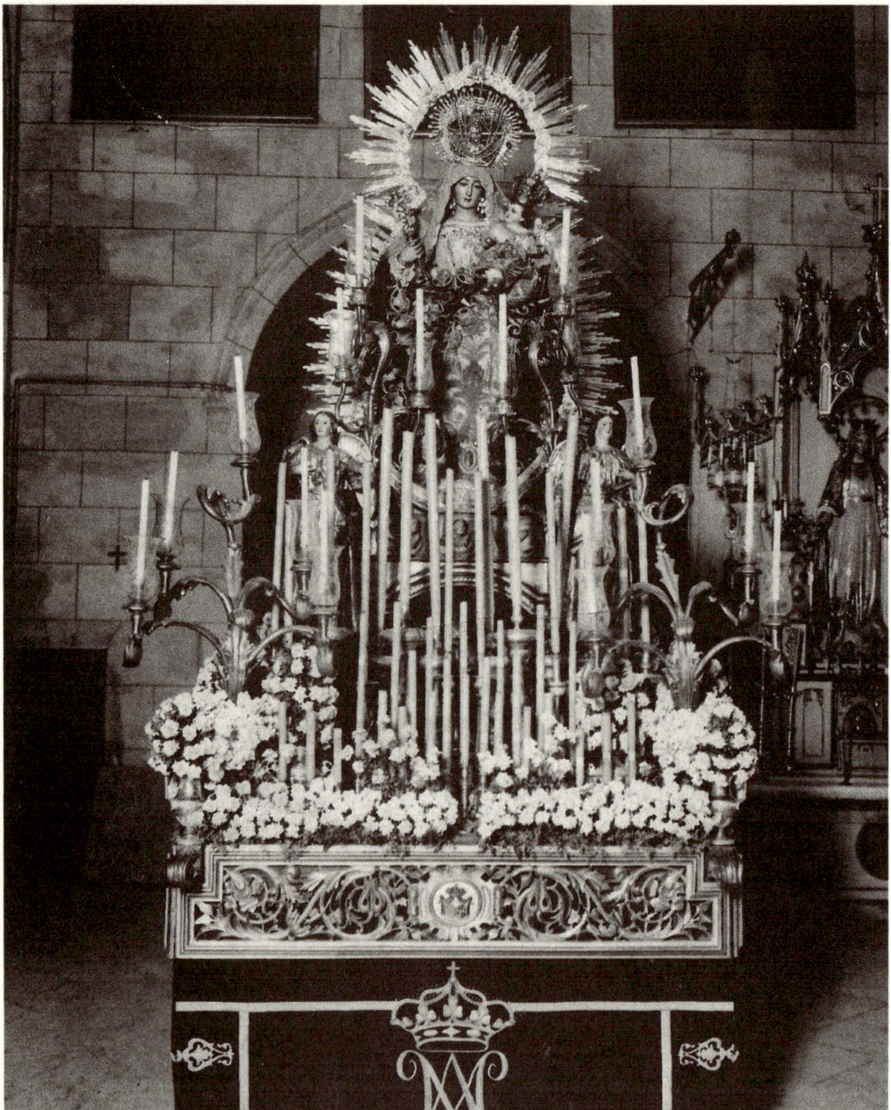

Virgen de la Alegría en su antiguo paso.

HIMNOS DE CORONACIÓN

Normalmente, entre los elementos que se preparan para las coronaciones canónicas está la composición poético-musical de un himno. A modo de ejemplo voy a transcribir el de la coronación canónica de Nuestra Señora de la Esperanza de la Trinidad de Sevilla, que tuve el honor de escribir:

Estribillo
Oh, Santa Esperanza,
Oh, Madre de amor,
por estos tus hijos
ruega al Señor

Estrofas

I
Cuán sois bella,
Esperanza mía,
Virgen María
de la Trinidad,
Virgen María de la Trinidad.

II
El mal avanza,
el odio divaga,
Tú eres remedio
que sana las llagas.

III

Hija del Padre,
Madre del Hijo,
Tú eres Esposa
del Santo Espíritu,
la más cercana
a la Trinidad.

IV

Una corona,
un corazón,
y una entrega
total
hoy te ofrece
tu Hermandad

CORONACIONES CANÓNICAS DE DOLOROSAS EN SEVILLA CAPITAL

1954: Virgen de la Amargura. Concedida por la Reverenda Fábrica de San Pedro.

1964: Virgen de la Esperanza Macarena. Concedida por la Reverenda Fábrica de San Pedro.

1984: Virgen de la Esperanza de Triana. Concedida por Su Santidad el Papa San Juan Pablo II.

1988: Virgen de las Angustias. Concedida por el Ordinario de Lugar.

1994: Virgen de la Encarnación. Concedida por el Ordinario de Lugar.

1997: Virgen de las Mercedes de Santa Genoveva. Reconocimiento canónico desde esta fecha de la imposición de corona de 1972. Concedido por el Ordinario de Lugar.

1997: Virgen de Gracia y Esperanza. Reconocimiento canónico desde esta fecha de la imposición de corona en 1947. Concedido por el Ordinario de Lugar.

1999: Virgen de la Estrella. Concedida por el Ordinario de Lugar.

2002: Virgen de los Dolores del Cerro. Concedida por el Ordinario de Lugar.

2002: Virgen del Valle. Concedida por el Ordinario de Lugar.

2004: Virgen del Rosario en sus Misterios Dolorosos. Concedida por el Ordinario de Lugar.

2005: Virgen de la Palma. Concedida por el Ordinario de Lugar.

2006: Virgen de la Esperanza de la Trinidad. Concedida por el Ordinario de Lugar.

2007: Virgen de la O. Concedida por el Ordinario de Lugar.

2009: Virgen de la Caridad. Reconocimiento canónico desde esta fecha de la imposición de corona de 1960. Concedido por el Ordinario de Lugar.

2010: Virgen de Regla. Concedida por el Ordinario de Lugar.

2016: Virgen de la Paz. Concedida por el Ordinario de Lugar.

2017: Virgen de la Salud. Concedida por el Ordinario de Lugar.

2018: Virgen de la Victoria. Concedida por el Ordinario de Lugar.

2019: Virgen de los Ángeles. Concedida por la Reverenda Fábrica de San Pedro.

FALTAN LAS ACTUALES

CORONACIONES DE IMÁGENES DE GLORIA DE SEVILLA CAPITAL

1904: Virgen de los Reyes, Patrona de Sevilla. Concedida por la Reverenda Fábrica de San Pedro. Primera de Andalucía.

1929: Virgen de la Antigua. Concedida por la Reverenda Fábrica de San Pedro.

1954: María Auxiliadora de la Trinidad. Concedida por la Reverenda Fábrica de San Pedro.

1974: Virgen de la Hiniesta. Concedida por la Reverenda Fábrica de San Pedro.

1998: Virgen de las Mercedes de la Puerta Real. Reconocimiento canónico a partir de esta fecha de la imposición de corona de 1972. Concedido por el Ordinario de Lugar.

2000: Pura y Limpia del Postigo. Concedida por el Ordinario de Lugar.

2004: Divina Pastora de Capuchinos. Reconocimiento canónico desde esta fecha de la imposición de corona de 1921. Concedido por el Ordinario de Lugar.

2015: Virgen del Carmen del Convento del Santo Angel de la Guarda. Concedida por el Ordinario de Lugar.

Las coronaciones diocesanas y reconocimientos canónicos entre 1988 y 2010 fueron concedidas por el Cardenal Arzobispo Fray Carlos Amigo Vallejo. Las siguientes por el Arzobispo D. Juan José Asenjo Pelegrina.

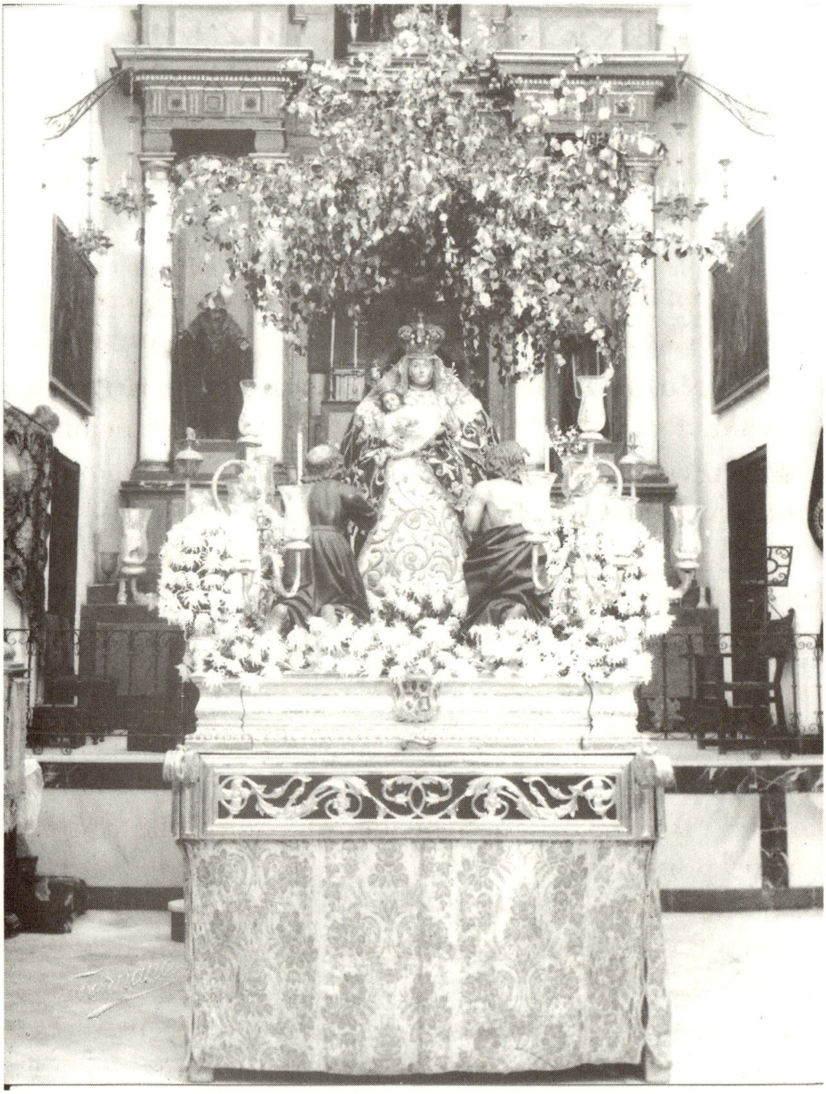

La Virgen de Valvanera en su antiguo paso.

CORONAS PARA UNA REINA

Sin pretender ser exhaustivos, vamos a traer a la consideración algunas de las más relevantes coronas usadas en las ceremonias de coronación en Sevilla, desde 1904 hasta nuestros días. Naturalmente empezaremos por la de la Patrona de la ciudad, primera imagen que recibió esta distinción.

La corona de oro de la coronación de la *Virgen de los Reyes* en 1904, de estilo modernista, fue obra del joyero Pedro Vives. En su confección se utilizaron donaciones de piedras preciosas de los fieles hasta un total de 11960, y de oro de veintidós quilates, que alcanzó un peso de 2255 gramos. La corona del Niño Jesús fue una donación de Doña Gracia Fernández Palacios de Recur.

Aunque no sería coronada canónicamente hasta 1954, las coronas de oro de la imagen de *María Auxiliadora de la Trinidad* son de 1910, aunque fueron enriquecidas con fina pedrería por el orfebre Armenta en 1953 para la solemne ceremonia de coronación.

Las coronas de la *Virgen de la Antigua* de la catedral sevillana (medias coronas lógicamente, por tratarse la imagen de un fresco medieval de escuela sienesa), ejecutadas en 1929 para la ceremonia de coronación fueron obra del taller del famoso Padre Granda, sacerdote y joyero madrileño.

Aunque la *Esperanza Macarena* no fue coronada canónicamente hasta 1964, su corona de oro, obra de joyería con la técnica del repujado, data de años atrás. Fue diseñada en

1912 por Juan Manuel Rodríguez Ojeda, y encargada su ejecución a la Joyería Reyes de Sevilla.

Se sufragó con los beneficios de un festival taurino organizado por Joselito el Gallo, gran devoto de la Virgen, en la Real Maestranza de Sevilla el catorce de agosto de 1912, con la herencia de José Gutiérrez de la Vega y con una generosa colecta popular entre los sevillanos. El precio ascendió a 12.500 pesetas.

Fue bendecida e impuesta el veintisiete de marzo de 1913 por el Cardenal Arzobispo Almaraz.

La grandiosa y portentosa corona de oro de *Nuestra Señora de la Amargura* fue realizada por el prestigioso orfebre Cayetano González para su coronación en 1954. Está compuesta por un gran casco de forma cónica invertida inspirado en modelos de la primera mitad del siglo XVIII. La rafága está adornada con motivos florales en el interior y ondulantes en el exterior, alternando rayos lisos con otros labrados.

La concesión de la coronación canónica de la *Virgen de la Hiniesta* fue en 1959. A partir de este momento se iniciaron las gestiones para adquirir una corona de corte historicista que armonizara con el estilo gótico de la talla. Se optó por una corona ducal, sin imperiales, de oro, perlas y pedrería, que había sido ejecutada por la joyería El Regulador de Barcelona, adaptada a la imagen con la ejecución de un aro inferior realizado por Seco Velasco, y que fue adquirida por Eladio García de la Borbolla y donada a la Hermandad en 1968. Los aros presentan una delicada decoración con roleos y ces trabajadas a bisel. Sobre ellos campean cuatro hojas trilobuladas con cuatro flores de lis.

La corona del Niño, que debía estar en consonancia con la de la Virgen, fue ejecutada por colaboración de Cayetano González Gómez y Manuel Seco Velasco. Cayetano González se encargó de su diseño, y Seco Velasco fue el ejecutor de la pieza. Es de plata sobredorada, interpretación neobarroca de modelos góticos, con canasto e imperiales.

A la *Virgen de las Angustias* de la Cofradía de los Gitanos, sus Hermanos, con gran esfuerzo, le ofrendaron una corona de oro, que el Cardenal Bueno Monreal le impuso el veinticinco de marzo de 1972. Habría que esperar a 1988 para que el entonces Arzobispo Amigo Vallejo la coronara canónicamente en la catedral hispalense. Corona de imperiales con diadema, es de estilo neobarroco, obra de Seco Velasco. En el centro lleva un característico templete que alberga una custodia, que alude al carácter sacramental de la corporación.

La corona de la *Virgen de las Mercedes de Santa Genoveva* fue una bella iniciativa de vecinos de su barrio del Tiro de Línea, para lo que entregaron diversas medallas, sortijas y demás joyas a la Hermandad para ello. Responde a un diseño de Emilio García Armenta, pero su ejecución, por fallecimiento de este artista, corrió a cargo de después, Jesús Domínguez Vázquez. El veintitrés de septiembre de 1972 le fue impuesta a la imagen de la Virgen por el Cardenal Bueno Monreal. En 1997 el Arzobispo Amigo Vallejo le otorgó el rango de imagen coronada, en recuerdo de esta ceremonia. Con el oro que sobró, se confeccionó unas potencias de oro para el Señor Cautivo, que fueron estrenadas el Lunes Santo de 1973.

Villarreal cinceló en 1972, por encargo de la joyería Reyes, una corona de 1700 gramos de oro de 22 quilates, rematada por una cruz de brillantes, para la *Virgen de las Mercedes de la Puerta Real.* Costó 400.000 pesetas. Le fue impuesta el veinticuatro de septiembre por Don José Pérez Domínguez de la Rasilla. En 1998 el Cardenal Amigo, en orden a estos méritos, le otorgó el rango de imagen coronada canónicamente.

En 1984, para su coronación canónica, se estrenó corona de oro de 22 quilates, con imperiales y diadema, para la *Esperanza de Triana,* obra de Francisco Fernández y Juan Borrero, en su taller de Orfebrería Triana, en la que contribuyeron numerosos donantes. Se puede encuadrar en un estilo neorrenacentista cultivado por el regionalismo sevillano, con influencia de motivos cerámicos.

La corona de la *Esperanza de la Trinidad,* con casi cuatro kilos y medio de peso, en oro de 22 kilates, fue ejecutada durante más de tres años y medio por los Hermanos Delgado y presentada en el año 2003. De estilo neobarroco, tiene una ráfaga adornada por un rosal trepador, azucenas, doce grupos de rayos y doce estrellas, representando las doce tribus de Israel. En el centro, en marfil, está representada la Santísima Trinidad. No le sería impuesta por el Cardenal Amigo hasta su coronación canónica en el 2006.

La popular cofradía de Montesión mandó confeccionar en el 2004 para la coronación canónica de su imagen titular, la *Virgen del Rosario en sus Misterios Dolorosos,* una corona de oro de 22 quilates de cinco kilos y medio, con más de 300 brillantes procedentes de Córdoba, engarzados en oro blanco, y varios esmaltes. es una obra de orfebrería y joyería realizada en el taller de Ramón León Peñuelas, según diseño de su hijo Ramón León.

Valgan estas coronas como muestra del arte al servicio de la fe, símbolo del reconocimiento y de la devoción de un pueblo a su singular abogada y protectora, la Santísima Virgen, bajo sus diversas advocaciones consoladoras y considerada en los distintos misterios de su participación en la obra redentora.

LETANÍA Y NOMBRES MISTERIOSOS DE LA REINA DEL CIELO, MI SEÑORA

Esta Letanía fue compuesta por la Venerable Madre de Jesús de Ágreda (1602-1665), monja concepcionista, que la escribió en una noche y está enriquecida con indulgencias por un Sumo Pontífice y varios prelados.

Kyrie, eleyson. Christe, eleyson. Kyrie, eleyson.
Christe, audi nos. Christe, exaudi nos.

Santa María, emperatriz del cielo y tierra,
ruega por nosotros.
Hija del Eterno Padre,
ruega por nosotros.
Madre del Eterno Hijo,
ruega por nosotros.
Esposa del Eterno y santo Espíritu,
ruega por nosotros.
Complemento de la inefable y beatísima Trinidad,
ruega por nosotros.
Espejo inmaculado y perfectísimo de la Divinidad,
ruega por nosotros.
Esfera de la Divina Omnipotencia,
ruega por nosotros.

Centro de la bondad incomprensible,
ruega por nosotros.
Aurora de la eternidad interminable,
ruega por nosotros.
Lucero del eterno sol y luz inaccesible,
ruega por nosotros.
Gloria de la Jerusalén triunfante,
ruega por nosotros.
Virtud y fortaleza de la Jerusalén militante,
ruega por nosotros.
Alegría del pueblo sano y escogido, *ruega por nosotros.*
Ejemplar de los supremos y abrazados serafines,
ruega por nosotros.
Resplandor de los iluminados Querubines,
ruega por nosotros.
Santa y justa emulación de la angélica naturaleza,
ruega por nosotros.
Victoria de los ejércitos del Señor Dios,
ruega por nosotros.
Honra de la humana naturaleza,
ruega por nosotros.
Decoro y hermosura de todo lo criado,
ruega por nosotros.
Triunfo u triunfadora de los enemigos del Altísimo,
ruega por nosotros.
Nobilísimo objeto en pura criatura de los predestinados,
ruega por nosotros.
Corona de los Santos,
ruega por nosotros.
Laureola de las vírgenes,
ruega por nosotros.
Flor candidísima de castidad virginal,
ruega por nosotros.
Bálsamo oloroso de pureza corporal,
ruega por nosotros.
Prodigio inexplicable de pureza espiritual,
ruega por nosotros.

Vencedora de la muerte y del pecado,
ruega por nosotros.
Judit animosa que al príncipe de las tinieblas degollaste,
ruega por nosotros.
Mujer fuerte cuyo precio vino de lejos de la Divinidad,
ruega por nosotros.
Mujer invicta e invencible que a
la antigua serpiente quebrantaste la cabeza,
ruega por nosotros.
Torre de David contra el infierno,
ruega por nosotros.
Escala de Jacob que llega al cielo,
ruega por nosotros.
Manantial de toda gracia y vida eterna,
ruega por nosotros.
Archivo de las riquezas del muy alto,
ruega por nosotros.
Origen de los dones de su diestra,
ruega por nosotros.
Restauradora de la inconstancia y culpa de Eva,
ruega por nosotros.
Arco del cielo que el sereno de la piedad anuncias,
ruega por nosotros.
Nave de la contratación del cielo
cargada del pan que nos sustenta,
ruega por nosotros.
Arca incorruptible del nuevo y eterno testamento,
ruega por nosotros.
Tierra santa donde llovió del cielo el maná vivo,
ruega por nosotros.
Tierra de promisión que mana leche y miel de gracia,
ruega por nosotros.
Vellocino rociado con la misma Divinidad,
ruega por nosotros.
Mesa franca del pacífico y verdadero rey Asuero,
ruega por nosotros.

Zarza no consumida y abrasado,
ruega por nosotros.
Oculta vida que a las almas resucitas,
ruega por nosotros.
Antídoto contra el veneno de la serpiente antigua,
ruega por nosotros.
Glorioso fin de la sabiduría de Dios y su potencia,
ruega por nosotros.
Ester privilegiados de la común ley de la culpa,
ruega por nosotros.
Prudente reina que a tu pueblo libraste de la muerte,
ruega por nosotros.
Reina sola de tus vasallos fidelísima,
ruega por nosotros.
Retrato que engrandeces a tu Artífice,
ruega por nosotros.
Monte santo donde se dio la ley de amor,
ruega por nosotros.
Memorial justo que ofrecemos al justo Juez los pecadores,
ruega por nosotros.
Pura criatura a Dios más inmediata,
ruega por nosotros.
Custodia del escondido Sacramento,
ruega por nosotros.
Fénix única que en tu fuego renovada
regeneraste al mundo,
ruega por nosotros.
Pelícano que con tu sangre en tu Hijo alimentas a tus hijos,
ruega por nosotros.
Amantísima que amas hasta el fin a quien te ama,
ruega por nosotros.
Estampa del ser divino que acredita el ser humano,
ruega por nosotros.
Instrumento del amor inmenso y de sus obras,
ruega por nosotros.
Atalaya que avisa al navegante,
ruega por nosotros.

Receta para enfermos incurables,
ruega por nosotros.
Imán que lleva a Sí los corazones,
ruega por nosotros.
Antorcha que da luz al que va a oscuras,
ruega por nosotros.
Refugio y sagrado para quien huye de la justicia,
ruega por nosotros.
Terror para las furias del infierno,
ruega por nosotros.
Jerusalén adornada con su esposo,
ruega por nosotros.
Esposa que pacificas al verdadero Sansón
indignado con los hombres,
ruega por nosotros.
Abogada que sabiamente alegas nuestra causa,
ruega por nosotros.
Madre del amor hermoso y santa esperanza,
ruega por nosotros.
Madre del temor discreto y grandeza del corazón,
ruega por nosotros.
Flor del campo,
ruega por nosotros.
Rosa mística,
ruega por nosotros.
Lirio de los valles,
ruega por nosotros.
Huerto cerrado,
ruega por nosotros.
Fuente sellada,
ruega por nosotros.
Puerta del cielo,
ruega por nosotros.
Casa del sol,
ruega por nosotros.
Mi dulce vida por quien vivo y por quien muero,
ruega por nosotros.

Mi madre y mi maestra, por quien me gobierno,
ruega por nosotros.
María siempre virgen prudentísima,
ruega por nosotros.

De todo mal y culpa,
líbrame, Señora
De la ira del Altísimo,
líbrame, Señora
De su desgracia y ofensa,
líbrame, Señora
De la muerte súbita e improvisa,
líbrame, Señora
Del furor y saña de mis enemigos,
líbrame, Señora
De la astucia maliciosa de la serpiente,
líbrame, líbrame, Señora
De la ira, odio y mala voluntad,
líbrame, líbrame, Señora
Del espíritu inmundo,
líbrame, Señora
De la ofensa de mis hermanos y prójimos,
líbrame, Señora
De la inconstancia en la virtud,
líbrame, Señora
De la muerte eterna por el pecado,
líbrame, Señora
De la muerte eterna por el pecado,
líbrame, líbrame, Señora
De la muerte eterna por el pecado,
líbrame, líbrame, Señora
En el día del juicio,
líbrame, líbrame, Señora
Por tu purísima Concepción inmaculada,
líbrame, Señora
Por tu natividad santísima,
líbrame, Señora

Por tu presentación al templo,
líbrame, Señora
Por la encarnación del Verbo eterno
en tus purísimas entrañas,
líbrame, Señora
Por la dignidad inefable de ser Madre de dios,
líbrame, Señora
Por el gozo que de ver a Dios de Ti
hecho hombre y adorado recibiste,
líbrame, Señora
Por la santa conversación y vida que con Él hiciste,
líbrame, Señora
Por lo que con tu castísimo corazón
con la profecía del Santa Simeón sentiste,
líbrame, Señora
Por el dolor que sentiste,
cuando le perdiste en Jerusalén,
líbrame, Señora
Por el dolor cuando viste su prisión,
líbrame, Señora
Por el dolor de verle con la cruz a cuestas,
líbrame, Señora
Por el dolor de verle clavar y levantar en ella,
líbrame, Señora
Por el dolor de verle expirar en ella,
líbrame, líbrame, Señora
Por el dolor de verle bajar de la cruz y sepultar,
líbrame, líbrame, Señora
Por todos los dolores que en toda su pasión sentiste,
líbrame, Señora
Por el gozo de su resurrección,
líbrame, Señora
Por el conocido que tuviste en su admirable ascensión,
líbrame, Señora
Por la plenitud de dones que con
la venida del Espíritu Santo recibiste,
líbrame, Señora

Por tu admirable asunción,
líbrame, Señora
Por tu admirable exaltación y coronación,
líbrame, Señora
Por la gloria accidental de la Divinidad que gozas,
líbrame, Señora
Por la gloria que das a los bienaventurados,
gozarás y darás por todas las eternidades,
líbrame, Señora

Así te conozcan y alaben todas las naciones,
óyeme Señora
Así te conozcan y alaben por Madre de Dios
todas las generaciones,
óyeme Señora
Así mi corazón te magnifique,
te adore y eternamente te bendiga,
óyeme Señora
Así de Tí gocemos y te veamos
por todas las eternidades,
óyeme Señora
Hazme digno de que te alabe, Virgen Santísima.
Dame virtud contra tus enemigos.

Oración

Santísima e inmaculada, por haberte preservado el Altísimo de toda mancha de pecado para que fueses digna Madre de su Unigénito Hijo, que de tus virginales entrañas tomó carne humana y se hizo hombre, suplícote purísima y bendita entre todas las mujeres, que me alcances de tu dilecto Hijo perdón cumplido de todos mis pecados; que sea escrita en el número de los predestinados, y en esta vida alcance la gracia final con que merezca la eterna, que esperamos por Ti, Señora Nuestra, y por el mismo Señor que vive y reina por todos los siglos de los siglos. Amén.

LETANÍA SEVILLANA DE CONSIDERACIONES MARIOLÓGICAS

Al final de nuestro ensayo llegaremos a una conclusión clara y definitiva: Si la Semana Santa es el *Quinto Evangelio* o la *Pasión según el Pueblo,* las Hermandades de Gloria son las *letanías* con que nuestra ciudad expresa sus sensitivos afectos. A lo largo del ciclo litúrgico, ateniéndonos solamente a los títulos más conocidos, Sevilla aclama a la Madre de Dios como:

Salud de los Enfermos,
en San Isidoro.
Madre del Buen Pastor,
en Santa Marina, San Antonio, Capuchinos,
Triana y Palmete.
Madre de los Desamparados,
en San Esteban, San Vicente y Alcosa.
Anunciada por el Ángel Gabriel como Llena de Gracia,
en Juan XXIII.
Sagrario para la Encarnación del Verbo,
en los Terceros.
Purificada sin necesitarlo,
en la Candelaria y San Nicolás.
Auxilio de los Cristianos,
en Trinidad, Triana, San Vicente, Nervión.
Rocío del Cielo,

en Triana, Salvador, Cerro,
Sevilla Sur, Macarena, Tablada.
Causa de nuestra Alegría,
en San Bartolomé.
Corazón Inmaculado,
en Heliópolis y Torreblanca.
Flor del Carmelo,
en Calatrava, Santa Catalina, San Gil,
Puente, San Leandro, Santo Ángel,
Santiago y Su Eminencia.
Nieve viva y pura,
en Santa María la Blanca.
Reina de Reyes,
en la Catedral y San Ildefonso.
Flor de las Flores,
Hiniesta Coronada, en San Julián.
Luz radiante,
en San Esteban.
Esbelta y grácil como junco,
en el Juncal.
Más dulce que la miel,
Valvanera, en San Benito y San Alberto.
Más Antigua qué el tiempo,
en el Salvador.
Prado ameno y florecido,
en el Salvador.
Inmensa como el Mar,
en la Misericordia.
Altar del Cielo,
en San Andrés.
Cumbre llena de majestad,
Sierra en San Roque, Cabeza en San Juan de la Palma
y en San Vicente, Montemayor en San Juan de la Palma.
Rosa de Extremadura y del Tepeyac,
Guadalupe, en San Buenaventura,
en la Misericordia y en el Dos de Mayo.
Eterna Rosa nazarena,

Valme, en Bellavista.
Cuna para el Hijo de Dios,
Belén, en San Jerónimo.
Patrocinio para los mortales,
en Triana y San Bernardo.
Dispensadora de Mercedes,
en la Puerta Real, en San Gregorio
y en Santa Genoveva.
Pilar de nuestra Fe,
en San Pedro.
Reina del Santísimo Rosario,
en San Julián, Macarena, Triana, Humeros,
Dos de Mayo, Santa Catalina, San Vicente,
Barrio León, Montserrat-Magdalena,
Santa Ana, Montesión.
Reina de Todos los Santos y Madre del Amor Hermoso,
en Omnium Sanctorum.
Amparo celestial,
en la Magdalena.
Pura y Limpia, Concebida sin Mancha,
en el Postigo, Triana.
Medicina y Esperanza nuestra,
Divina Enfermera, en San Martín.
Asombro y esperanza de todos los siglos, O,
en Triana.

Todo ello, ante el *Corazón sacratísimo de su Divino Hijo* (Nervión), con la invocación piadosa de su *Castísimo Esposo* (San José Obrero), la intercesión de los santos *Antonio, Lucía, Fernando, Hermenegildo, Justo y Rufina, Cristóbal, Isidoro y Leandro, Angela de la Cruz, Juan Bosco,* Amen.

En los últimos veinte años, han tomado fuerza antiguas y nuevas hermandades marianas como *El Rosario de Santa Catalina, la Virgen del Prado, Nuestra Señora del Prado del Porvenir, la Virgen del Mar, Guadalupe, Araceli, Montemayor, Cabeza, Desamparados del Parque Alcosa, Reyes de los Sastres,* como también nuevas dolorosas: *Rosario de Ciudad Jardín,*

Salud de San Jerónimo, Dulce Nombre de Bellavista, Concepción de Alcosa, Dolores de San José Obrero, Amor de Pino Montano, Amparo de Heliópolis, Dolores de Torreblanca, Desconsuelo de Triana… casi otra letanía... Todo este amor es la expresión de como Sevilla es *Ciudad Mariana* ayer, hoy y siempre.

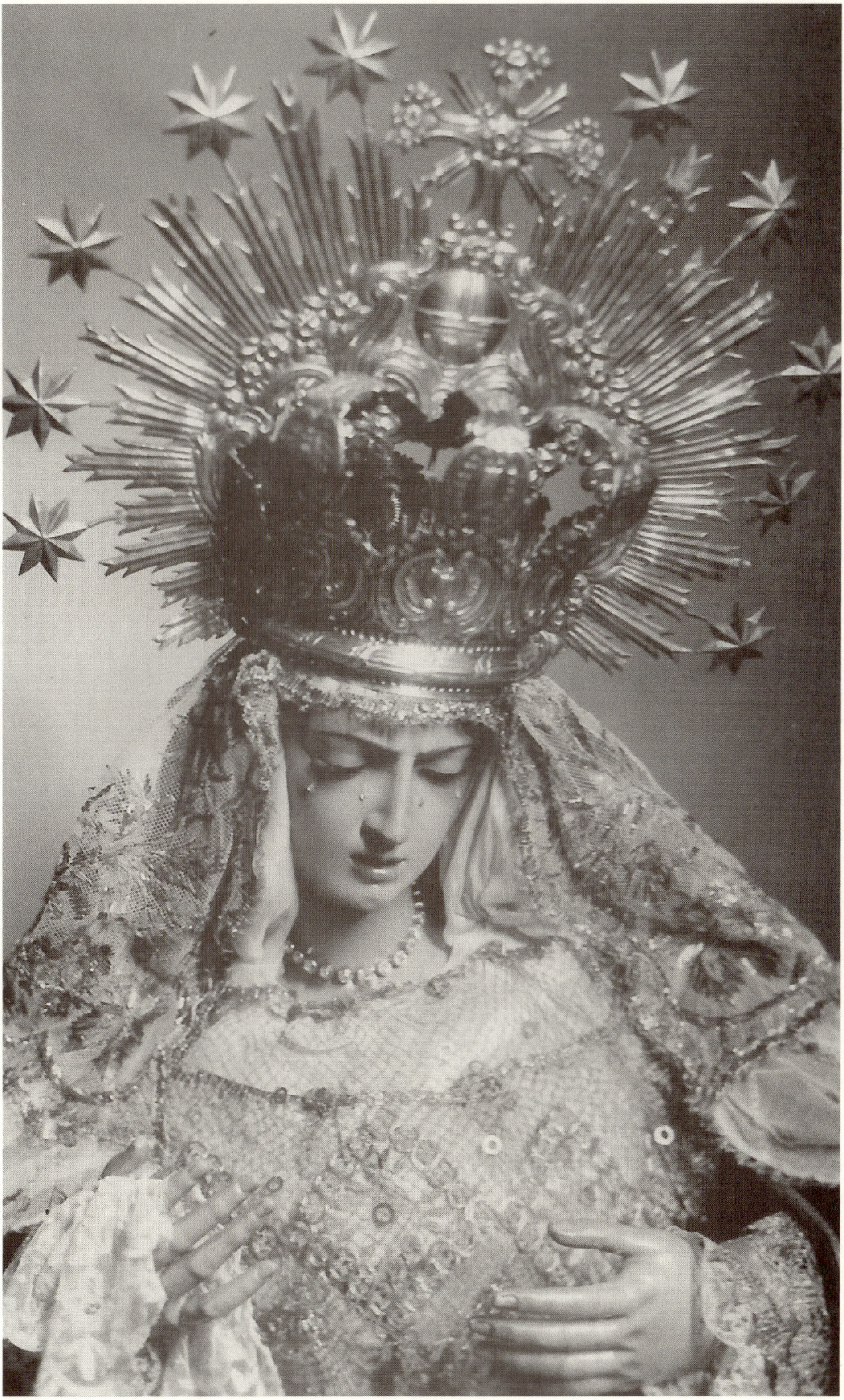

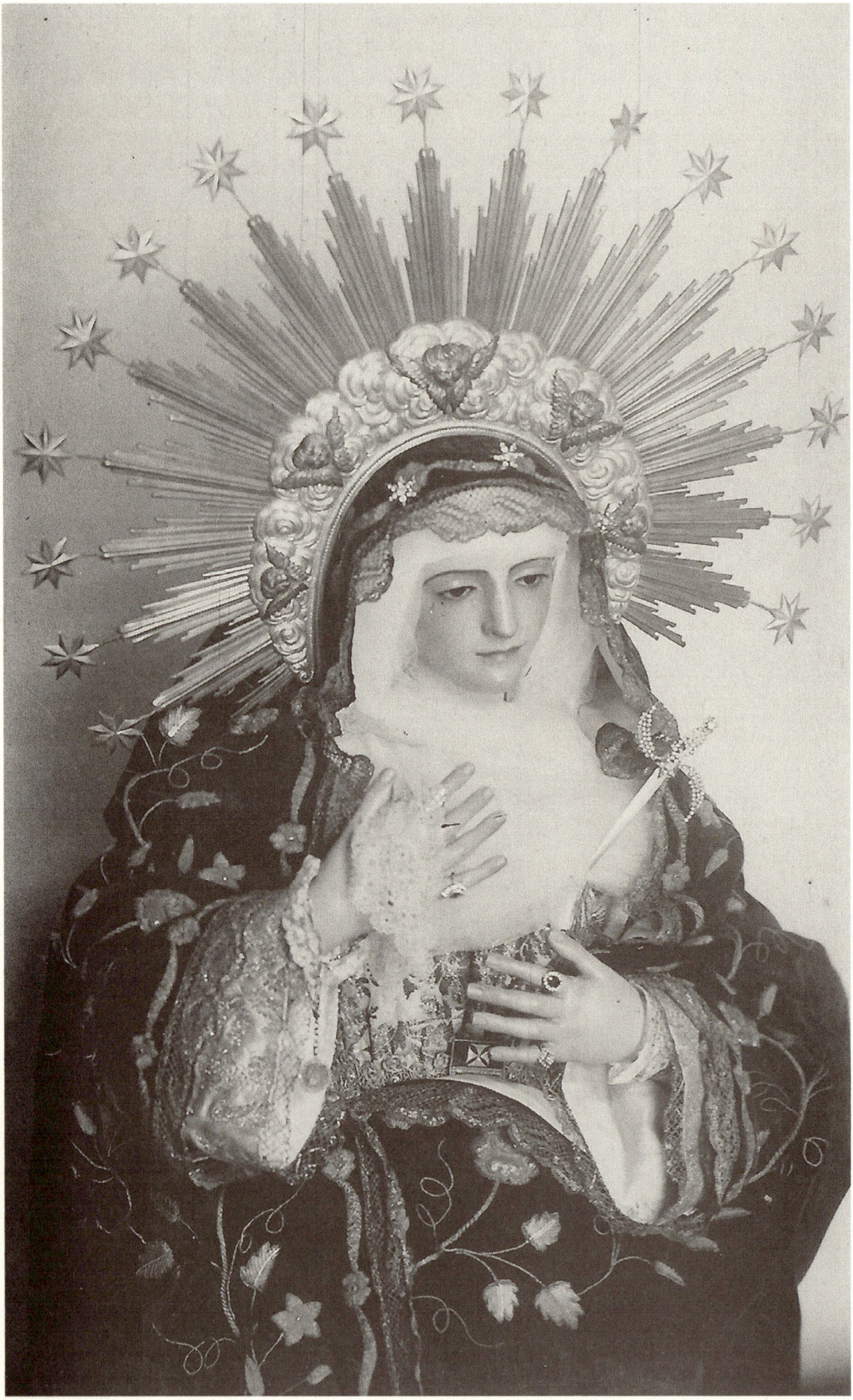

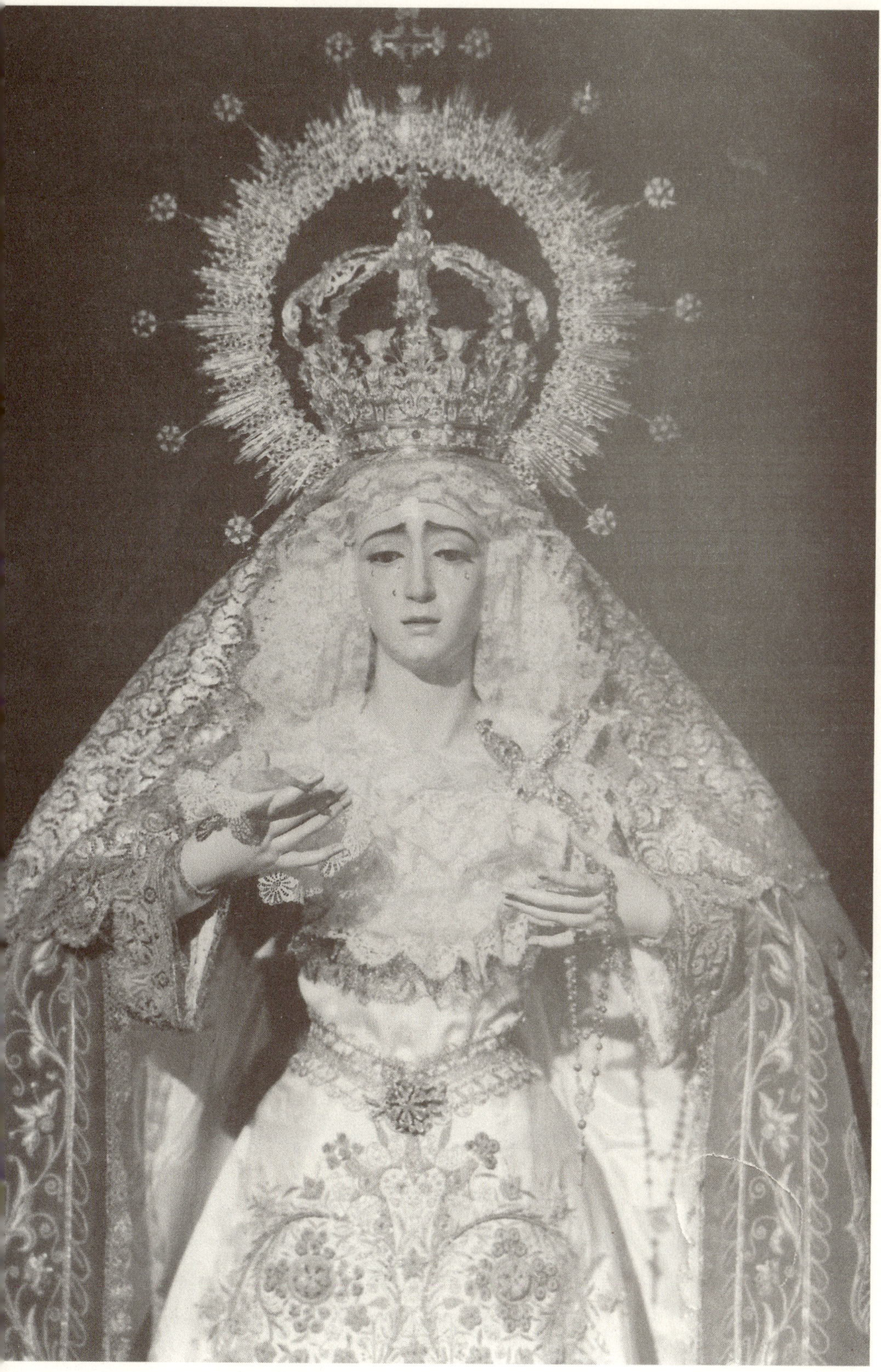

CORONACIONES CANÓNICAS DE DOLOROSAS EN SEVILLA CAPITAL

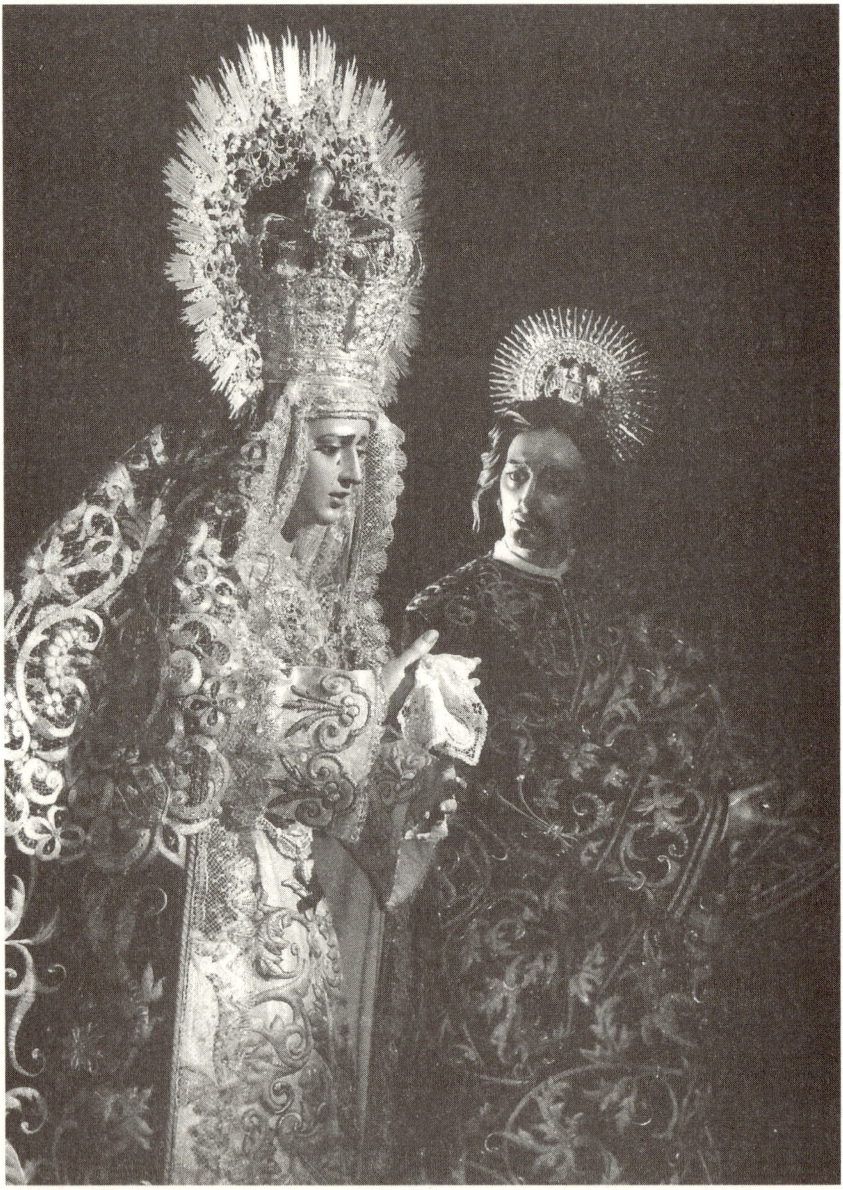

1954: Virgen de la Amargura

Concedida por la Reverenda Fábrica de San Pedro

La primera imagen de una dolorosa y de una titular de una hermandad sevillana coronada canónicamente en Sevilla fue la de María Santísima de la Amargura, que preside actualmente el camarín central del retablo mayor de la Iglesia Filial de San Juan de la Palma, una de las primitivas parroquias de la Sevilla fernandina.Procesiona bajo palio en la tarde del Domingo de Ramos

Es la titular de la Pontificia, Real e Ilustre Hermandad Sacramental y Cofradía de Nazarenos de Nuestro Padre Jesús del Silencio en el Desprecio de Herodes, María Santísima de la Amargura, San Juan Evangelista y Santa Ángela de la Cruz.

Fue coronada canónicamente el veintiuno de noviembre de 1954 por el Cardenal de Sevilla Dr. Pedro Segura y Sáenz. La corona, de oro de ley, es obra de Cayetano González.

La Imagen de María Santísima de la Amargura es una imagen de candelero de 1,70 cm., para vestir, estante, con las manos separadas, como las demás referidas aquí, mientras que no se indique lo contrario. Es obra barroca anónima de finales del XVII o principios del siglo XVIII (ya figura en los inventarios de la Hermandad de 1708) de estética roldanesca. Su impronta actual la recibió en 1763, año en que Benito de Hita y Castillo le hace nuevo cuerpo y candelero y la adapta para dialogar con San Juan, representando el camino hacia la Calle de la Amargura al encuentro del Señor con la cruz a cuestas.

Importante fue la restauración de 1893 por Antonio Susillo tras el incendio del paso sufrido el Domingo de Ramos del citado año en la Plaza de San Francisco, en que le tuvo que hacer manos nuevas. Las últimas restauraciones las llevaron a cabo los Hermanos Cruz Solís e Isabel Poza en 1996 y Enrique Gutiérrez Carrasquilla en 2008.

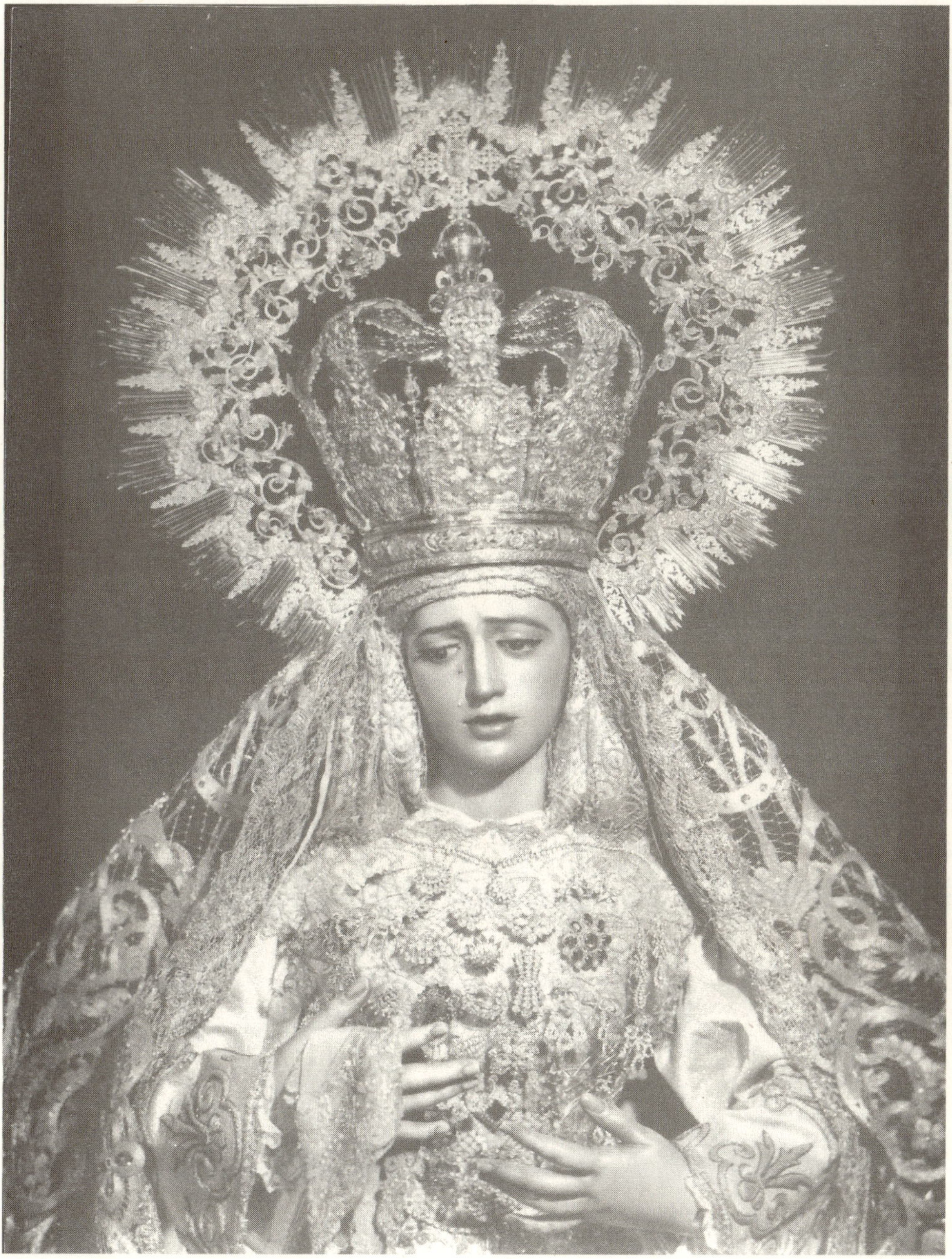

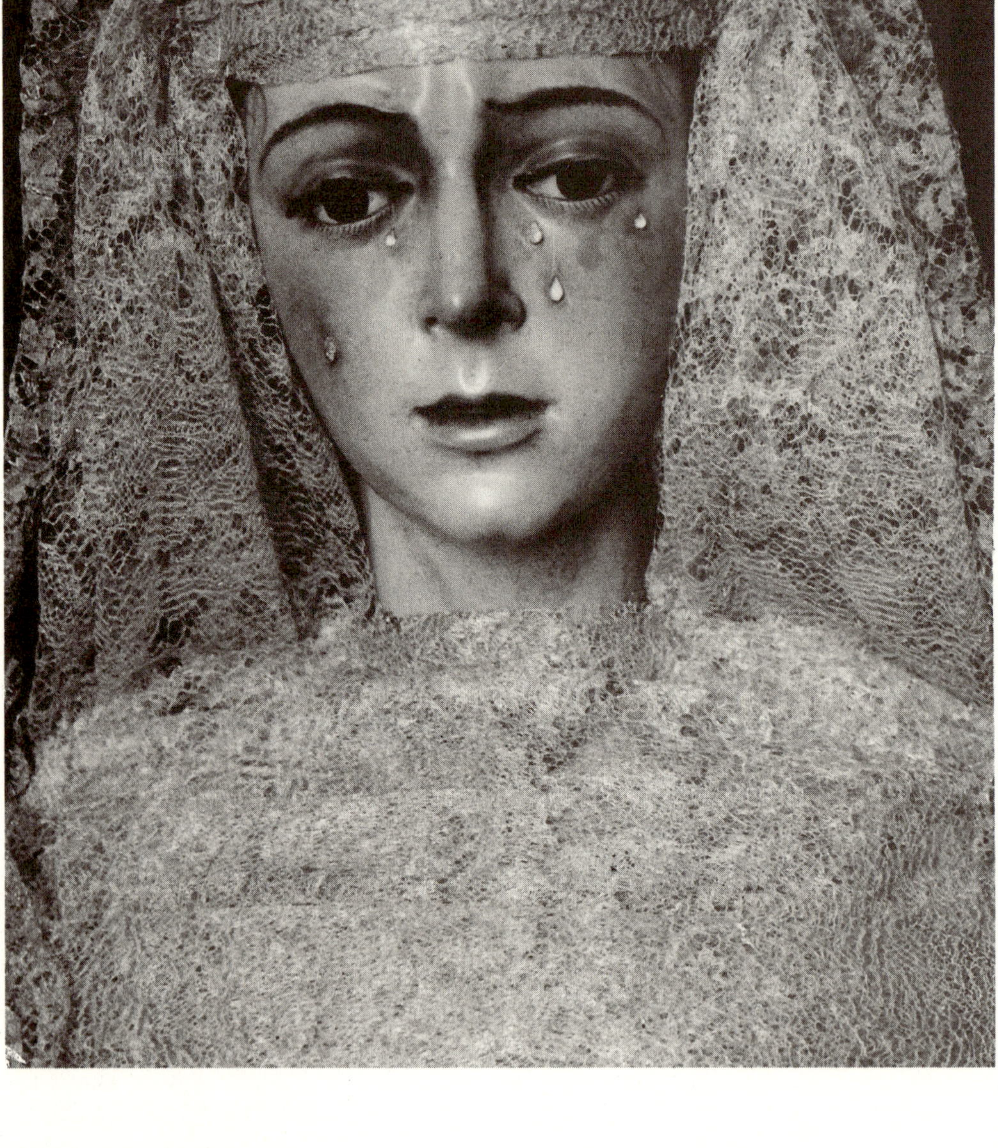

1964: Virgen de la Esperanza Macarena

Concedida por la Reverenda Fábrica de San Pedro

Pasaron diez años hasta la coronación de una segunda dolorosa, la popular y devota imagen de María Santísima de la Esperanza Macarena, titular de la Real, Ilustre y Fervorosa Hermandad y Cofradía de Nazarenos de Nuestra Señora del Santo Rosario, Nuestro Padre Jesús de la Sentencia y María Santísima de la Esperanza Macarena, que recibe culto en el camarín del retablo mayor de su templo homónimo desde 1949, declarada basílica menor en 1966. El arrabal del extremo norte de la ciudad fue el que acabó completando el título de La Virgen. Procesiona bajo palio en la madrugada del Viernes Santo.

La coronación se señaló para el treinta y uno de mayo de 1964. Se dio la circunstancia que asistió el Arzobispo de Catania. La coronación la efectuó el Cardenal de Sevilla José María Bueno Monreal.

La corona la había diseñado Juan Manuel Rodríguez Ojeda y realizada por Joyería Reyes de Sevilla en 1912. Fue bendecida el veintisiete de marzo de 1913 por el Cardenal Enrique Almaraz y Santos y colocada por el famoso canónigo hinjero Juan Francisco Muñoz y Pabón. Fue enriquecida en 1938, 1953 y 1963.

Estaba previsto celebrar la ceremonia tenía que haberse celebrado en la Plaza de España, pero por cuestiones climatológicas tuvo que desarrollarse en el interior de la catedral, en el brazo norte del crucero, y no pudo regresar la imagen a su templo hasta el tres de junio.

Es una dolorosa de candelero para vestir de 1,75 m. La imagen en su estado actual responde a la estética de Benito de Hita y Castillo, que quizás interviniera sobre una roldanesca de hacia 1680. Francisco Arquillo Torres en 1978 dirigió una importante restauración.

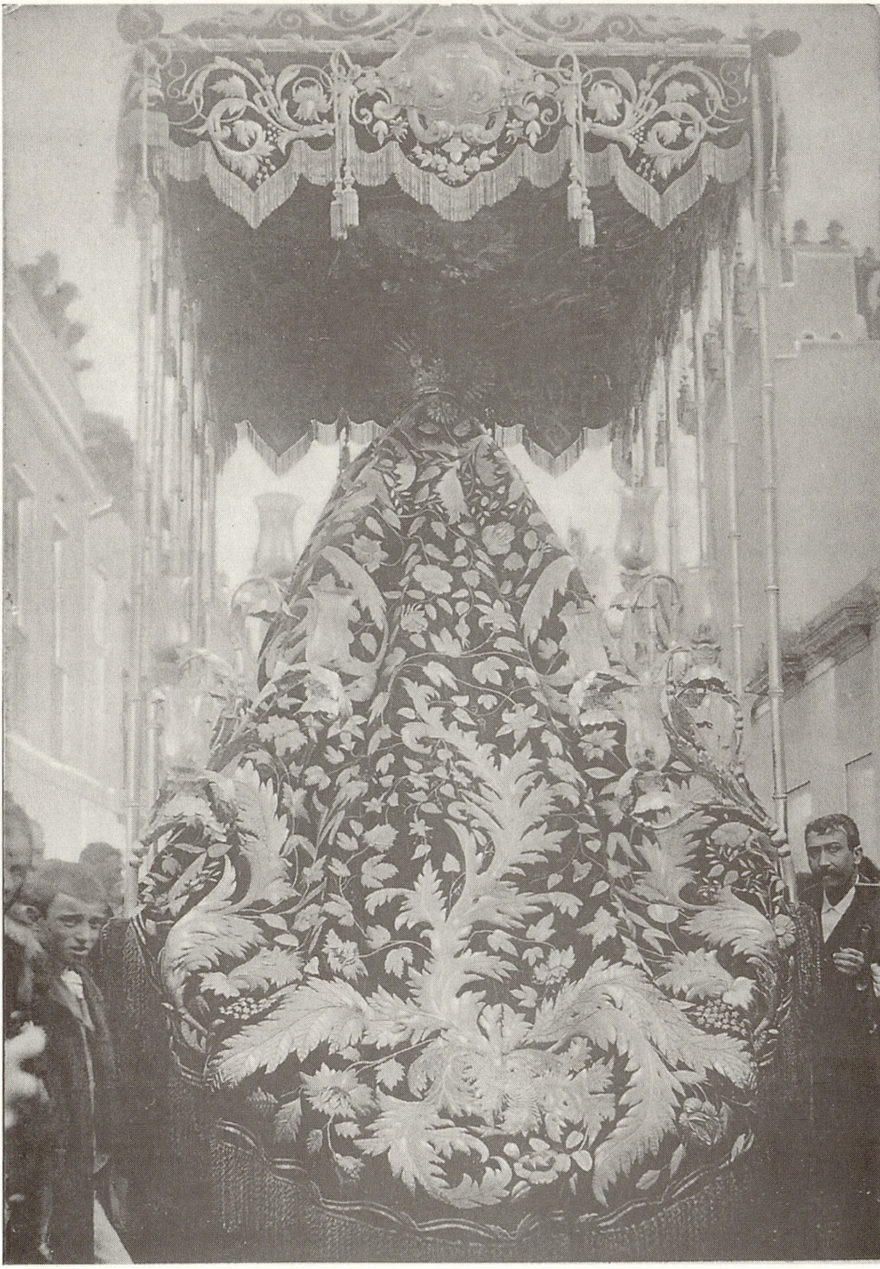

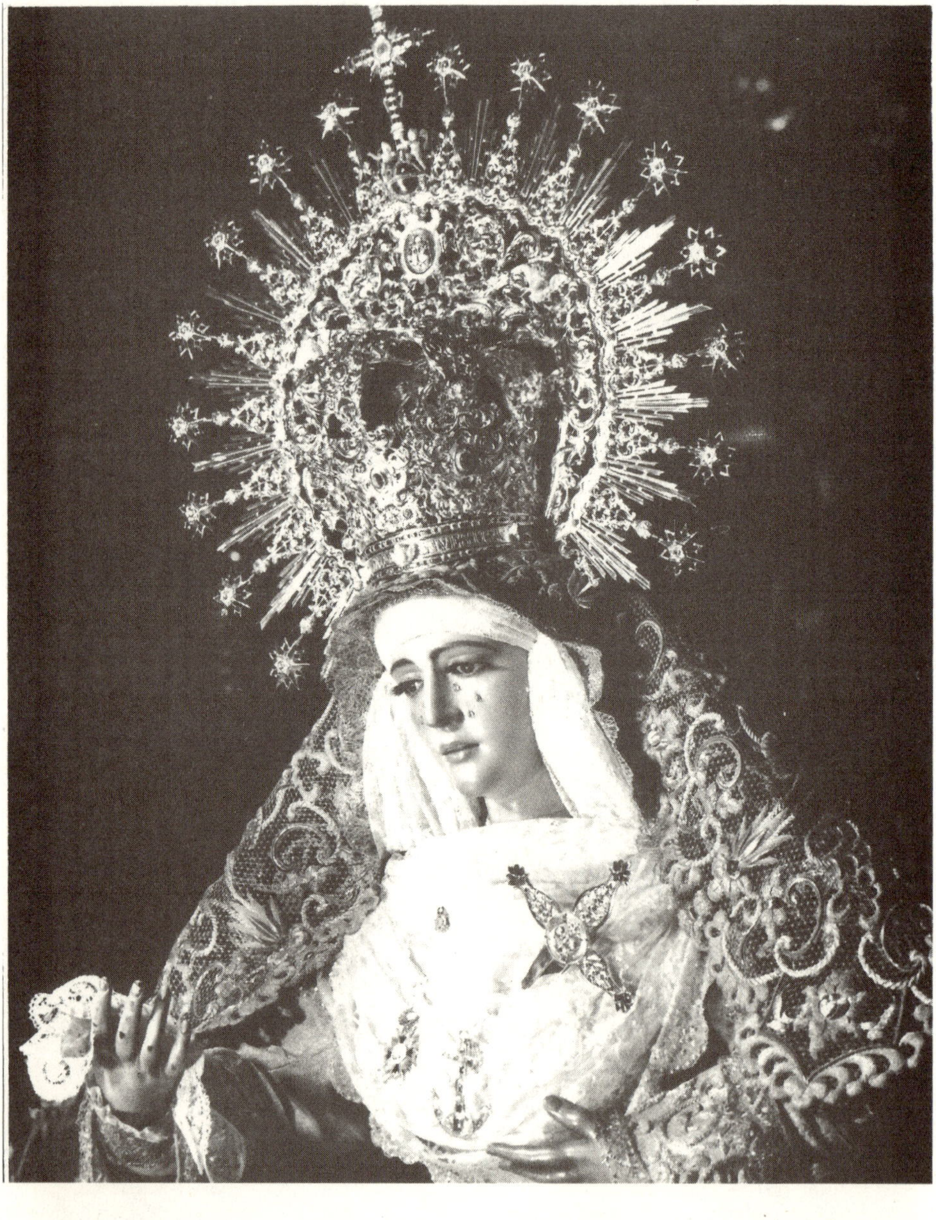

1984: Virgen de la Esperanza de Triana

Concedida por Su Santidad el Papa San Juan Pablo II

Otros diez años después le correspondió la coronación canónica a la imagen de Nuestra Señora de la Esperanza, devoción del popular y castizo barrio de Triana, la única de las sevillanas concedida directamente por la bula de un papa, San Juan Pablo II, titular de la Pontificia Real e Ilustre Hermandad y Archicofradía de Nazarenos del Santísimo Sacramento, de la Pura y Limpia Concepción de la Santísima Virgen María, Santísimo Cristo de las Tres Caídas, Nuestra Señora de la Esperanza y San Juan Evangelista. Preside desde el camarín del retablo mayor de la Capilla de los Marineros de la Calle Pureza. Procesiona en la madrugada del Viernes Santo.

La Virgen fue coronada en el brazo norte del crucero de la catedral el dos de junio por Carlos Amigo Vallejo, Arzobispo de Sevilla. La corona es obra de Juan Borrero.

También es una dolorosa de candelero para vestir de 1,70 m. que, en su estado original, es atribuible a Juan Bautista Petroni, que debió ser restaurada por Juan de Astorga en 1816 para la inauguración de la Capilla.

En 1898 un incendio en la Iglesia del Convento de San Jacinto, donde residía la Hermandad, causó graves daños a la talla de la Virgen, tras lo que fue rehecha por Gumersindo Jiménez Astorga.

Descontentos los fieles con el estado de la imagen, fue remodelada por José Ordóñez Rodríguez en 1913, de cuyo estado parte la impronta que hoy contemplamos, con ese aspecto castizo.

En 1929, con vistas a su participación en la magna exposición mariana del Salvador, fue restaurada por Antonio Castillo Lastrucci, que la embellece y la dota de unas nuevas manos.

Luis Álvarez Duarte hizo un nuevo candelero en 1981, resanó y repolicromó la imagen en 1989, la revisó en 2007, y en 2022, Pedro Manzano llevó a cabo una limpieza general a la imagen.

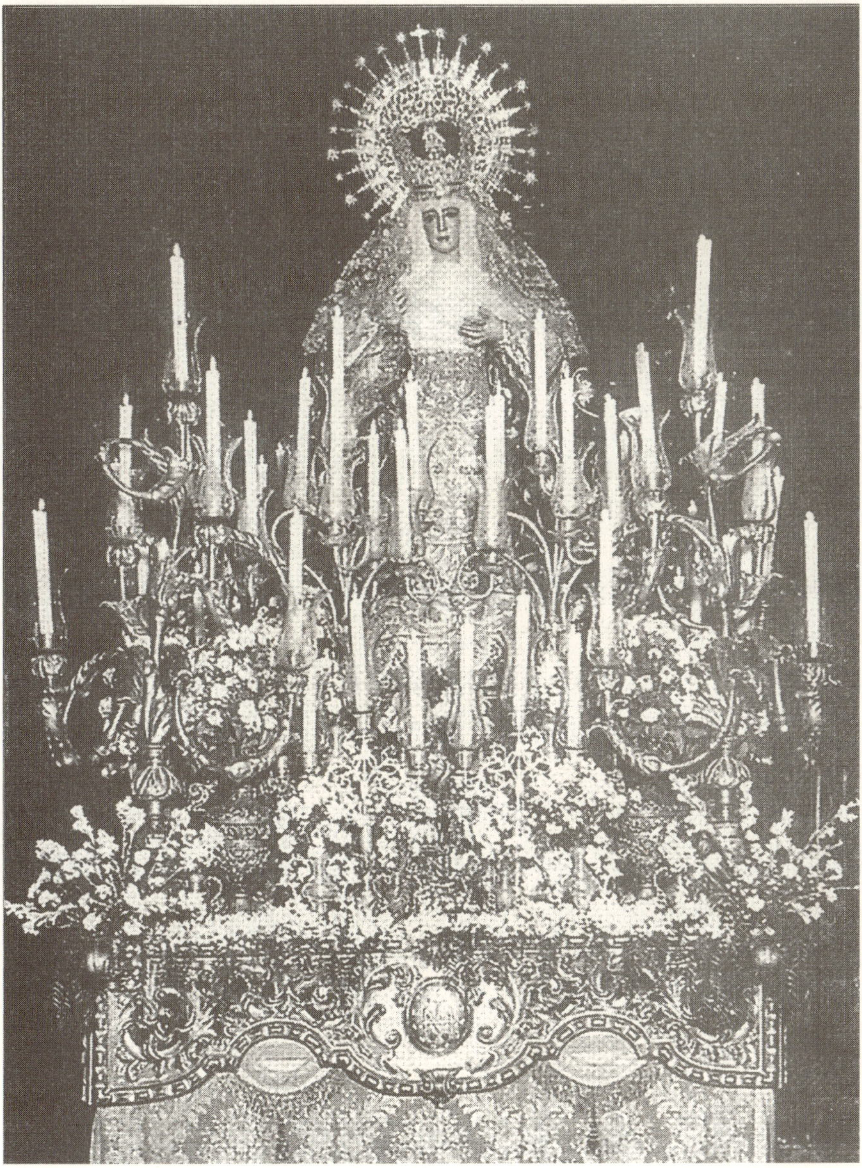

La Esperanza de Triana en el paso de Gloria por la salida extraordinaria con motivo de la finalización de la Guerra Civil.

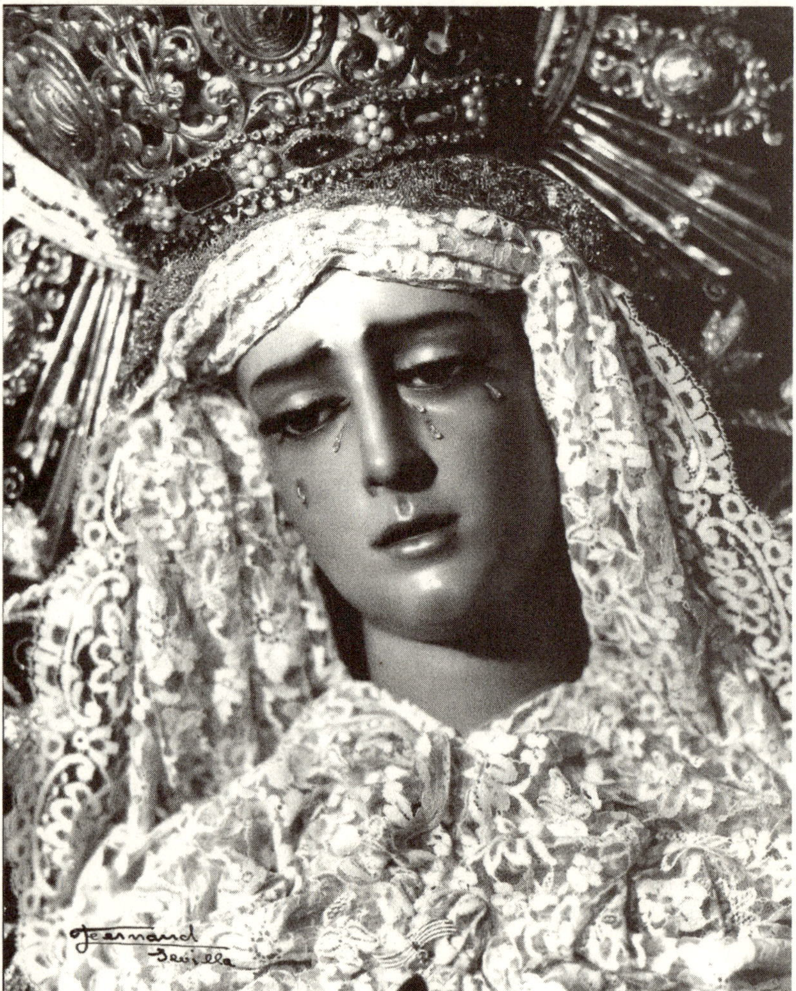

1988: Virgen de las Angustia

Concedida por el Ordinario de Lugar

Esta imagen de dolorosa de 1,64 m. es titular de la Real, Ilustre, y Fervorosa Hermandad Sacramental, Animas Benditas y Cofradía de Nazarenos de Nuestro Padre Jesús de la Salud y María Santísima de las Angustias Coronada (Los Gitanos). Recibe culto en el camarín central de la cabecera del Santuario a los titulares de la cofradía dedicado desde 1999. Procesiona en la madrugada del Viernes Santo.

En 1972 fue coronada piadosamente por el Cardenal Bueno Monreal en la Plaza de San Román, ante su residencia canónica de entonces. La corona se realizó en el mismo año por Manuel Seco Velasco. El veintinueve de octubre de 1988 fue coronada canónicamente con la misma presea en la catedral de Sevilla por el Arzobispo Carlos Amigo Vallejo.

La imagen actual es obra de José Manuel Rodríguez Fernández-Andes, de 1937, donación de su autor, y policromada por Juan Balceras. Sustituyó a una anterior atribuida con mucho fundamento a José Montes de Oca, como la del Señor, a la que recuerda en el hoyuelo de la barba y en el giro de la cabeza, ambas destruidas por las hordas marxistas en San Román el dieciocho de julio de 1936. Paz Vélez le realizó un nuevo juego de manos. El 2004 Enrique Gutiérrez Carrasquilla la restauró.

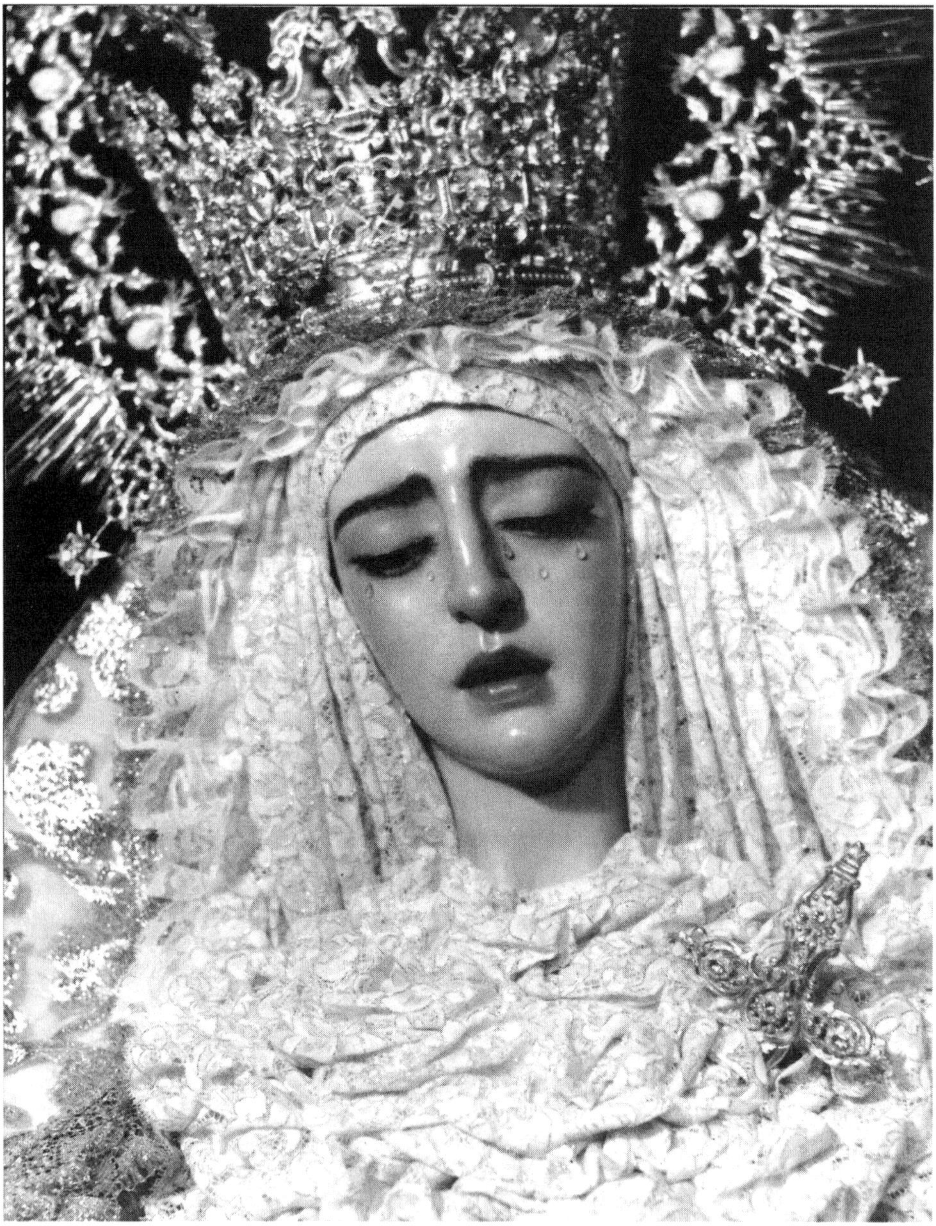

1994: Virgen de la Encarnación

Concedida por el Ordinario de Lugar

La imagen de la dolorosa, de 1,62 m., es titular de la Hermandad del Santísimo Sacramento, Pontificia y Real Archicofradía de Nazarenos de la Sagrada Presentación de Jesús al Pueblo, Santísimo Cristo de la Sangre, Nuestra Señora de la Encarnación Coronada y San Benito Abad. Recibe culto en la capilla sacramental de la Iglesia Parroquial de San Benito. Procesiona el martes santo.

La corona de oro es obra de Fernando Marmolejo de 1971. Se la impuso piadosamente el Cardenal Bueno Monreal el siete de abril de dicho año ante la puerta del templo. Fue coronada el ocho de diciembre de 1994 en el brazo norte del crucero de la catedral por el Arzobispo Carlos Amigo Vallejo.

De autor anónimo, últimamente se atribuye a Blas Molner entre 1780 y 1793. Ha sido restaurada por Sebastián Santos en 1948 y 1952, que retalló sus manos en 1953, por José Rodríguez Rivero-Carrera en 1984 y por Juan Manuel Miñarro en 2014.

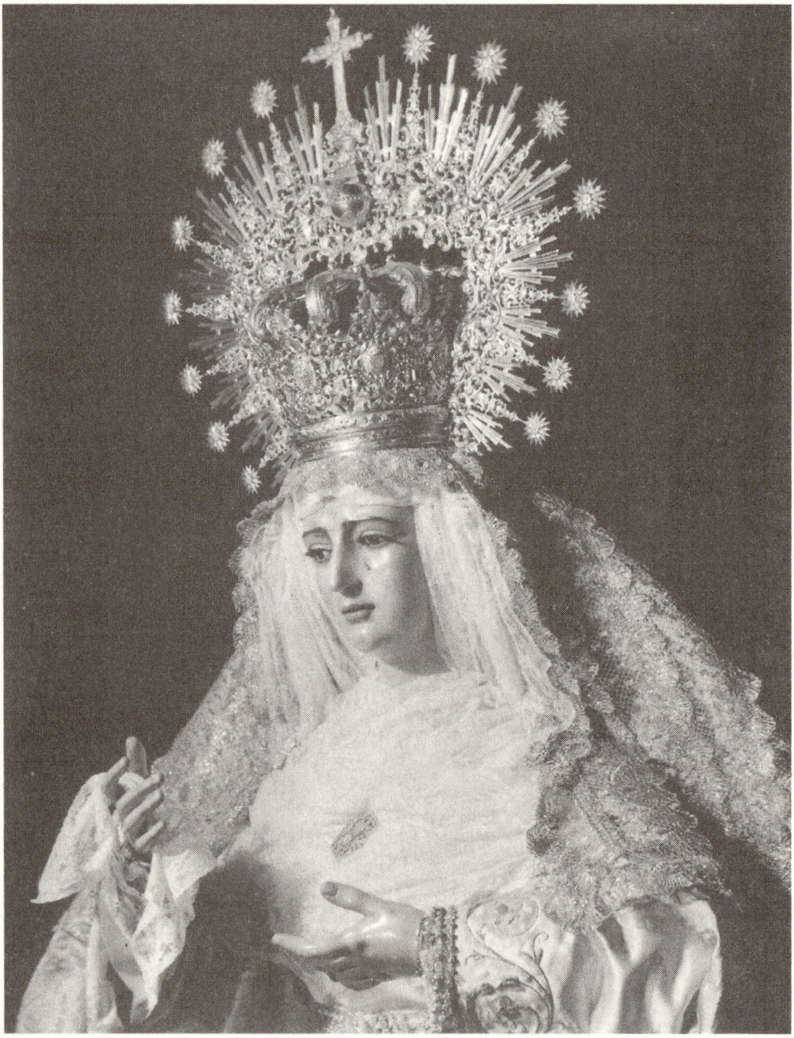

1997: Virgen de las Mercedes de Santa Genoveva

Reconocimiento canónico desde esta fecha de la imposición de corona de 1972

Concedido por el Ordinario de Lugar

Esta imagen de dolorosa de 1,70 m. es titular de la Hermandad y Cofradía de Nazarenos del Santísimo Sacramento, Nuestro Padre Jesús Cautivo en el abandono de sus discípulos, Nuestra Señora de las Mercedes Coronada y San Juan Evangelista en la tercera palabra, Inmaculada Milagrosa y Santa Genoveva. Recibe culto en el retablo mayor de la Iglesia Parroquial de Nuestra Señora de las Mercedes y Santa Genoveva. Procesiona el Lunes Santo.

El párroco Antonio González Abato impulsó la confección de una corona de oro para la Virgen por suscripción popular, que se encomendó al taller de García Armenta. Con el oro sobrante se realizaron en el mismo taller unas potencias al Señor Cautivo. El veintitrés de septiembre de 1972, en la Avenida del Almirante Topete, impuso la corona a la Virgen el Cardenal Bueno Monreal.

En el XXV Aniversario de esta imposición, en el marco de una función solemne celebrada en la confluencia de las calles Romero de Torres con la Avenida de los Teatinos,

El Arzobispo Carlos Amigo Vallejo anunció que la imagen se reconocía como coronada canónicamente desde esta efeméride.

La Hermandad se fundó en 1956, y las imágenes titulares le fueron encomendadas a un joven imaginero, José Paz Vélez, que las realizó en su estudio junto al Arco del Postigo. La Virgen llegó al barrio el doce de septiembre de dicho año y fue depositada en casa del primer hermano mayor, Antonio Lerate Santaella, que había donado la imagen, hasta ser trasladada a la iglesia. En el otoño del 2007 fue sometida la imagen en el taller de Enrique Gutiérrez Carrasquilla a un proceso de limpieza y consolidación.

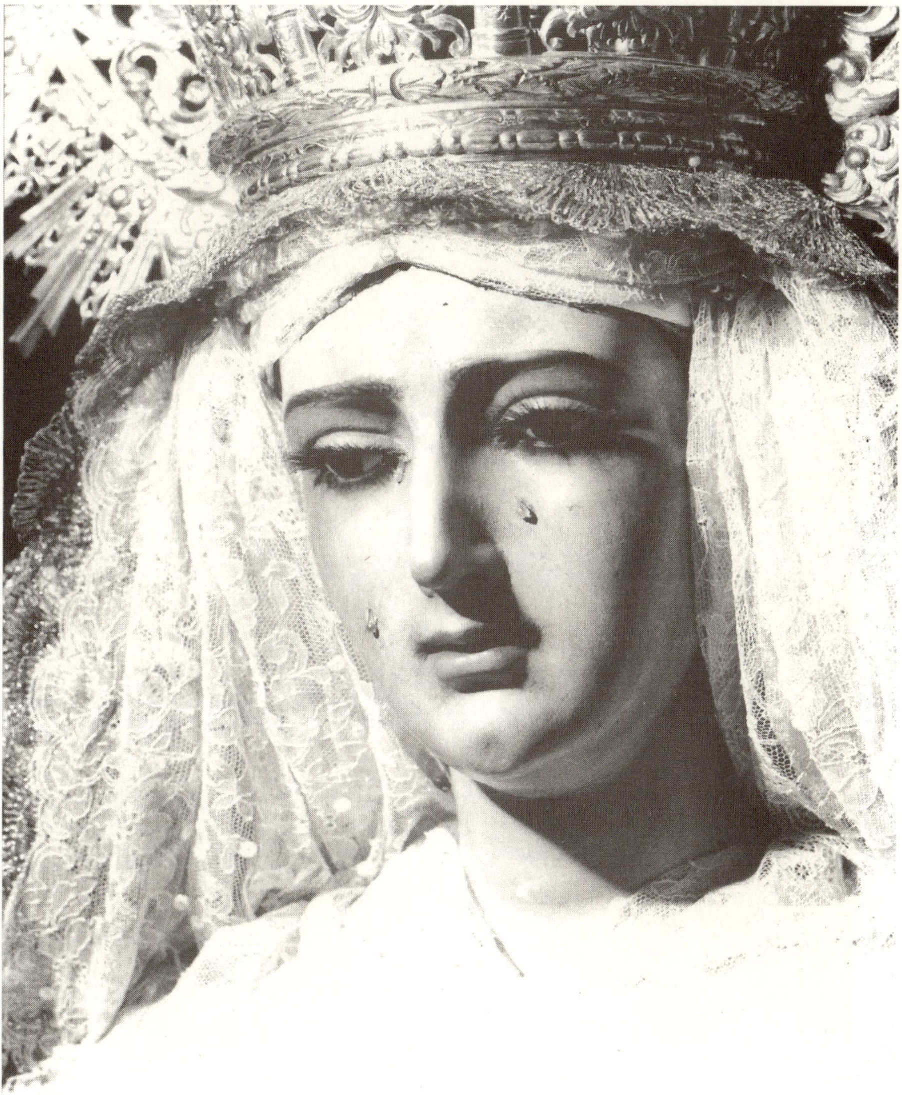

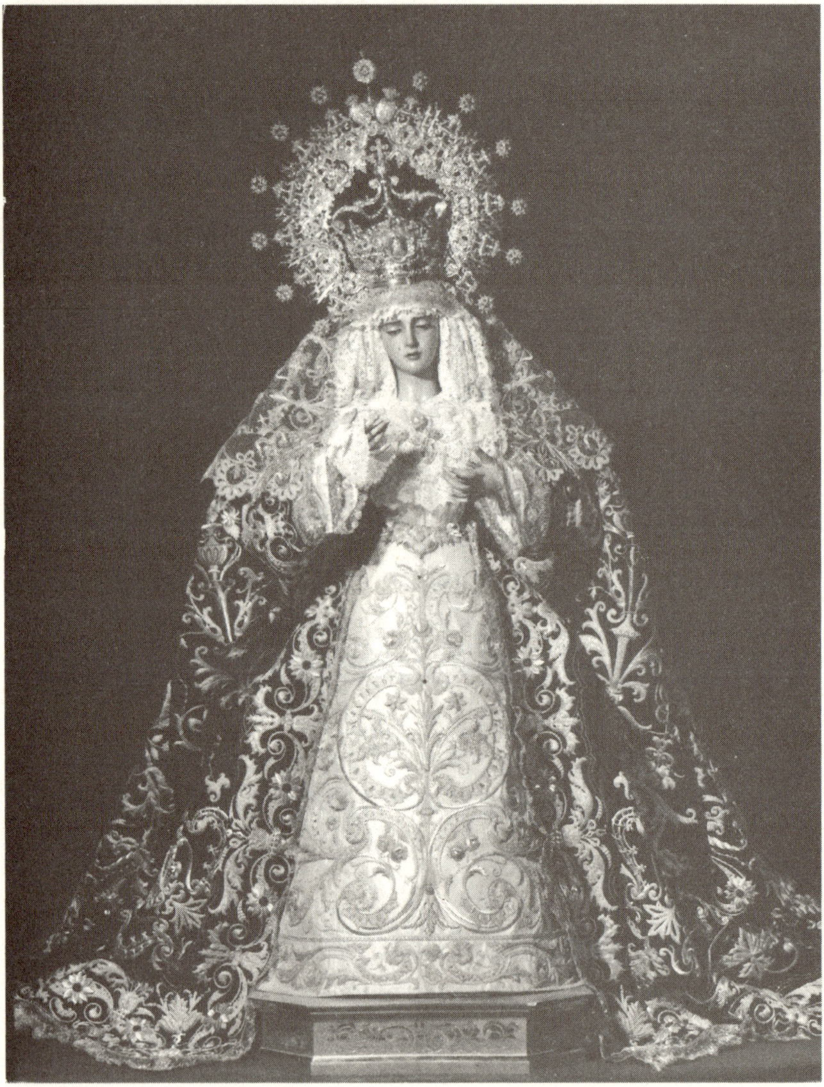

1997: Virgen de Gracia y Esperanza

Reconocimiento canónico desde esta fecha de la imposición de corona en 1947

Concedido por el Ordinario de Lugar

Esta imagen de dolorosa de 1,60 m. es titular de la Real, Ilustre y Fervorosa Archicofradía del Santísimo Sacramento, Pura y Limpia Concepción y Ánimas Benditas, Santo Crucifijo de San Agustín y Hermandad de Penitencia de Nuestro Padre Jesús de las Penas y Nuestra Señora de Gracia y Esperanza. Recibe culto en el retablo de la reserva del Santísimo Sacramento, junto a Nuestro Padre Jesús de las Penas, de la Iglesia Parroquial de San Roque. Procesiona el Domingo de Ramos.

En la madrugada del veintisiete de enero de 1946 fue robada la corona de salida de la Virgen, que había sido donada en 1941 por su Camarera Concepción de la Concha Sierra, que nunca fue recuperada. El diecisiete de julio de dicho año la Comisión del Arte del Arzobispado aprobó el diseño del orfebre Emilio García Armenta de nueva corona. Fue bendecida e impuesta por el Cardenal Pedro Segura y Sáenz el veintitrés de marzo del año siguiente. Cincuenta años después, en 1997, el Arzobispo Carlos Amigo Vallejo decretó el quince de agosto que a partir de esta última fecha la imagen debe ser considerada coronada canónicamente.

La imagen primitiva de la Hermandad pereció en el incendio provocado por las hordas marxistas en San Roque el dieciocho de julio de 1936, que dejó la iglesia completamente destruida. La imagen actual la realizó en 1938 José Fernández Andes por 4.300 pesetas, y fue bendecida el treinta de octubre de dicho año en la Iglesia de Santiago. Su precio fue de 4.300 ptas.

En 1958 le realizó una intervención a la imagen Sebastián Santos Rojas, que consistió, según una descripción documentada del propio autor, en retirar la encarnadura, retallar ojos, nariz, frente, y realizar nueva encarnadura de rostro y manos. Fue restaurada en el 2006 por José Ángel del Valle Serrano y Victoria Fernández Espejo.

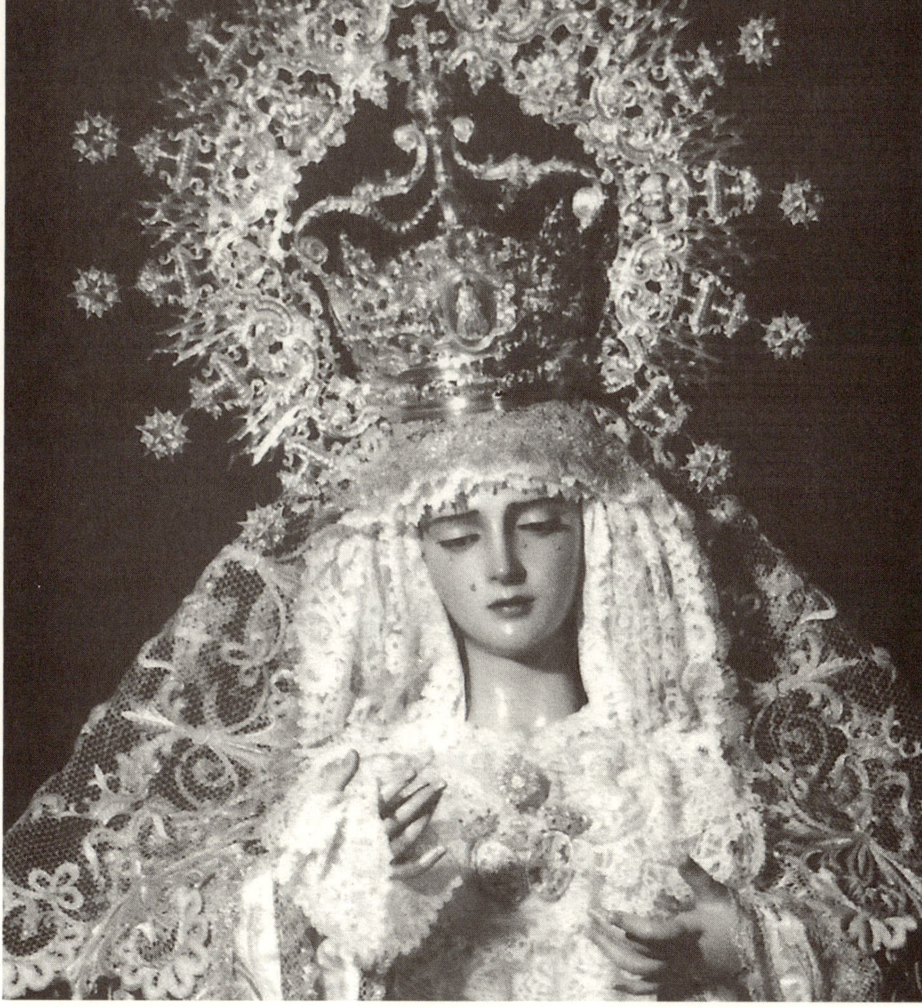

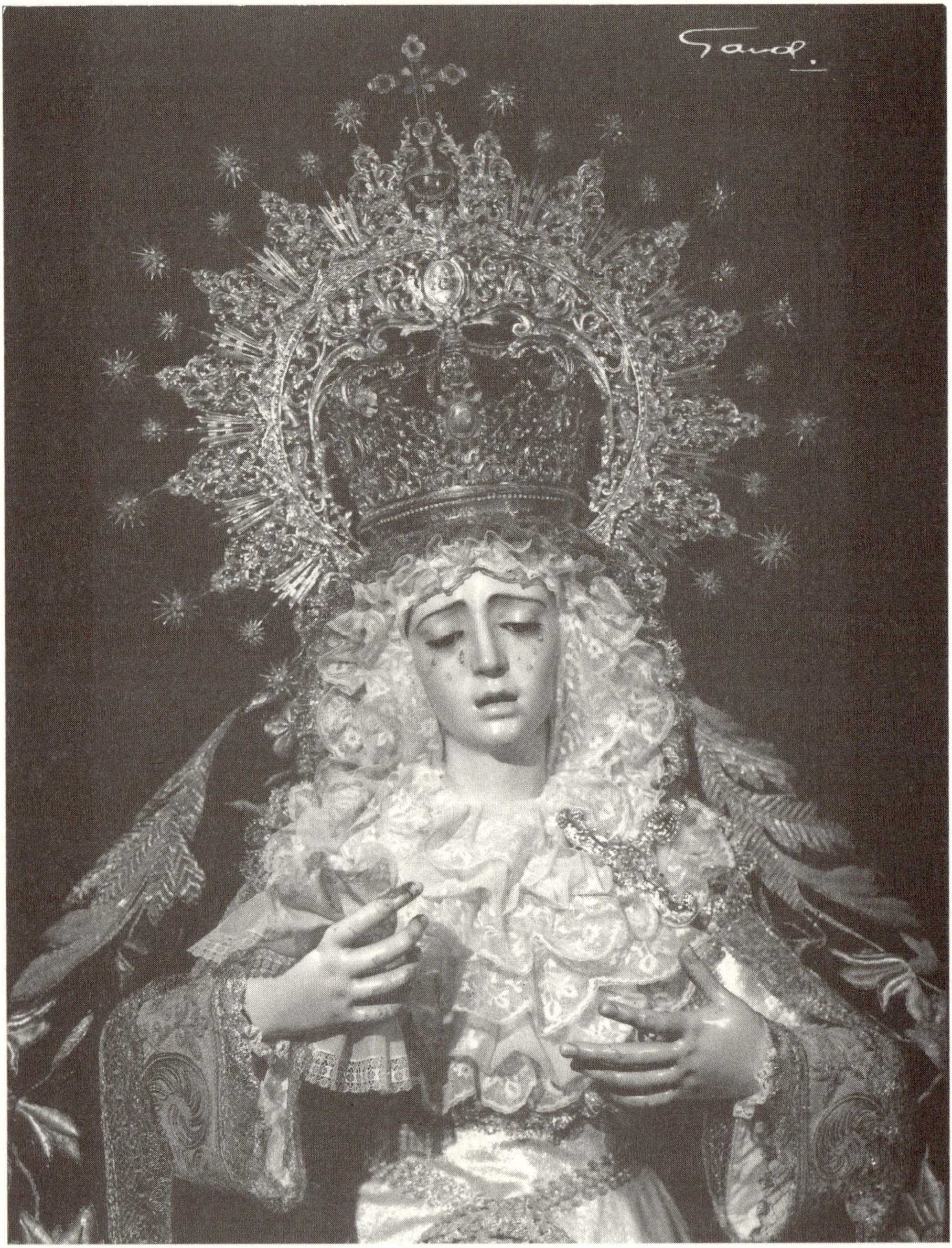

1999: Virgen de la Estrella

Concedida por el Ordinario de Lugar

Esta imagen de dolorosa de 1,68 m. es titular de la Pontificia, Real, Ilustre y Fervorosa Hermandad Sacramental y Cofradía de Nazarenos de Nuestro Padre Jesús de las Penas, María Santísima de la Estrella Coronada, Triunfo del Santo Lignum Crucis, San Francisco de Paula y Santas Justa y Rufina. Recibe culto en su retablo de la capilla a Ella dedicada en el popular barrio de Triana. Procesiona el Domingo de Ramos.

Fue coronada canónicamente por el Arzobispo Carlos Amigo Vallejo el treinta y uno de octubre de 1999 en el brazo norte del crucero de la catedral hispalense. La corona de oro fue realizada por Orfebrería Triana. Juan Borrero y su socio Francisco Fernández trabajaron para la creación de esta gran obra.

La imagen es una obra anónima que debió ser ejecutada entre los años 1665 y 1709 y pertenece al círculo de La Roldana. En 1976 fue restaurada por Francisco Peláez del Espino. Entre septiembre de 2009 y enero de 2010, se realizó una intervención de conservación y restauración en el Instituto Andaluz de Patrimonio Histórico (IAPH).

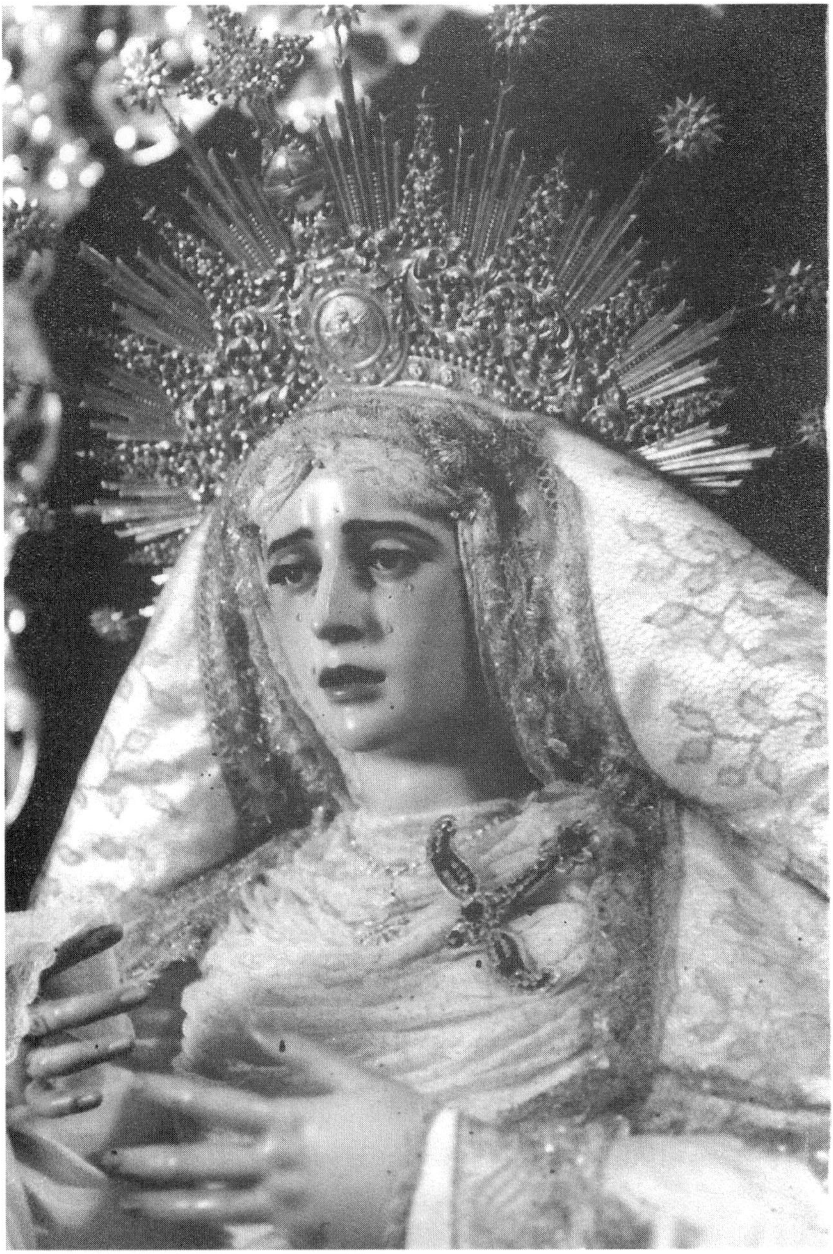

2002: Virgen de los Dolores del Cerro

Concedida por el Ordinario de Lugar

Esta imagen de dolorosa de 1,83 m. es titular de la Fervorosa Hermandad Sacramental y Cofradía de Nazarenos del Santísimo Cristo del Desamparo y Abandono, Nuestro Padre Jesús de la Humildad y Nuestra Señora de los Dolores. Preside el retablo mayor de la Iglesia Parroquial a Ella dedicada. Procesiona el Martes Santo.

Fue coronada canónicamente el quince de septiembre de 2002 por el entonces Arzobispo Carlos Amigo Vallejo en el interior de su templo. El taller de los Hermanos Delgado López realizó la corona de oro dicho año, sufragada con donaciones del barrio.

La devoción del barrio desde la erección de una capilla en la Avenida de Hytasa siempre fue la Virgen de los Dolores. Por diversas circunstancias hubo varias imágenes hasta la actual, obra de Sebastián Santos Rojas. Tras gestiones iniciadas en 1954, se formalizó el contrato de adquisición el doce de julio de 1955, con el precio de 23.000 pesetas. Fue bendecida el veinticinco de septiembre de 1955.

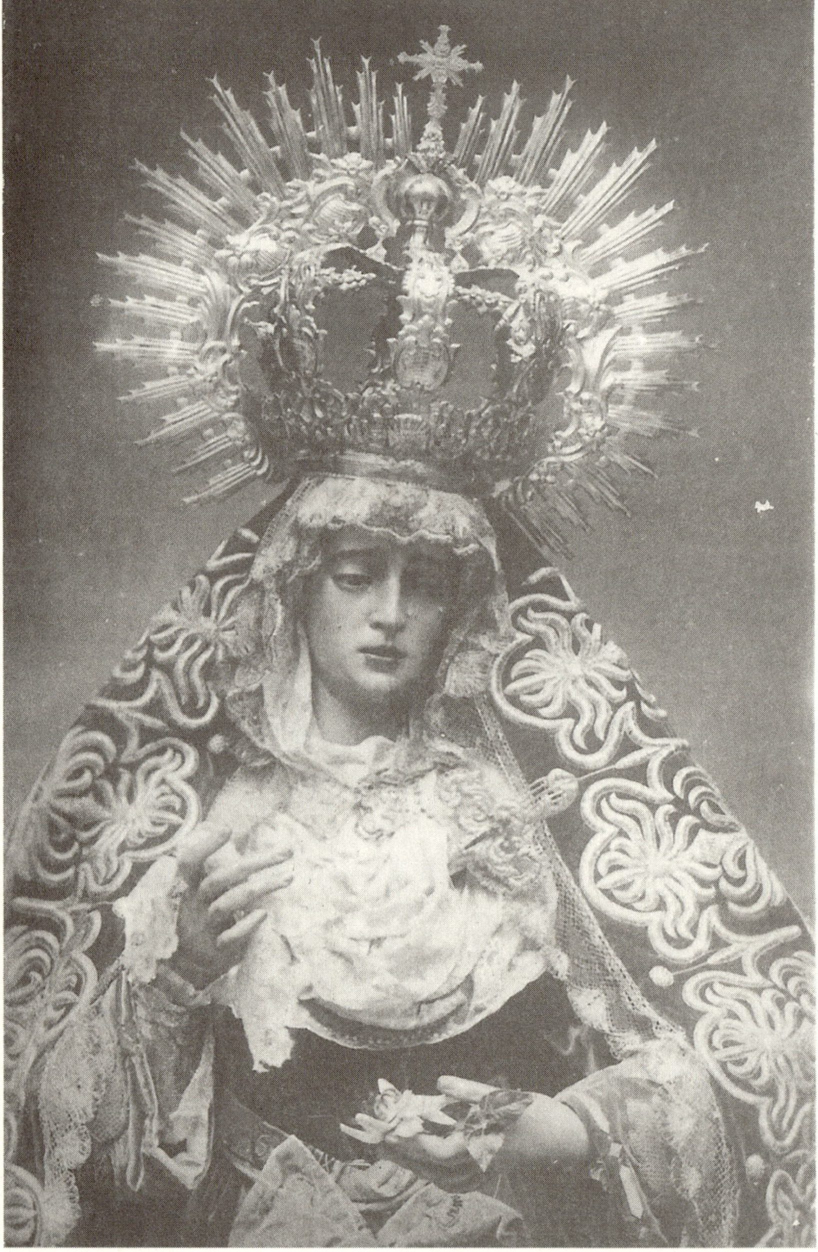

2002: Virgen del Valle

Concedida por el Ordinario de Lugar

Esta imagen de dolorosa de 1,68 m. es titular de la Pontificia, Real, Ilustre y Primitiva Archicofradía de Nazarenos del Santísimo Cristo de la Coronación de Espinas, Nuestro Padre Jesús con la Cruz al Hombro, Nuestra Señora del Valle y Santa Mujer Verónica. Recibe culto en el brazo del evangelio del crucero de la Iglesia de la Anunciación. Procesiona el Jueves Santo.

El uno de noviembre de 2002, solemnidad de Todos Los Santos, fue coronada canónicamente por el Arzobispo Carlos Amigo Vallejo en el Altar del Jubileo de la catedral. La corona fue realizada ex profeso dicho año por suscripción popular, que sigue el modelo de la corona de 1921 pero enriquecida por piedras preciosas. La realizó el orfebre cordobés Manuel Valera Pérez.

Es una imagen atribuida a Juan de Mesa, entre los años 1618 y 1627. Fue restaurada en el XIX por Juan de Astorga, y sufrió una intervención muy fuerte en 1909 por daños en un incendio fortuito, encomendada a los escultores Joaquín Bilbao José Ordóñez, siendo policromada, muy probablemente, por el pintor Gonzalo Bilbao. En 1980 fue restaurada por José Rivera García, con la supervisión Enrique Pérez Comendador, y en el 2006 se le realizó en el IAPH una limpieza superficial de la policromía de las partes talladas, afianzamiento de la unión de cuello y busto y de los brazos y cambio de candelero por uno de madera.

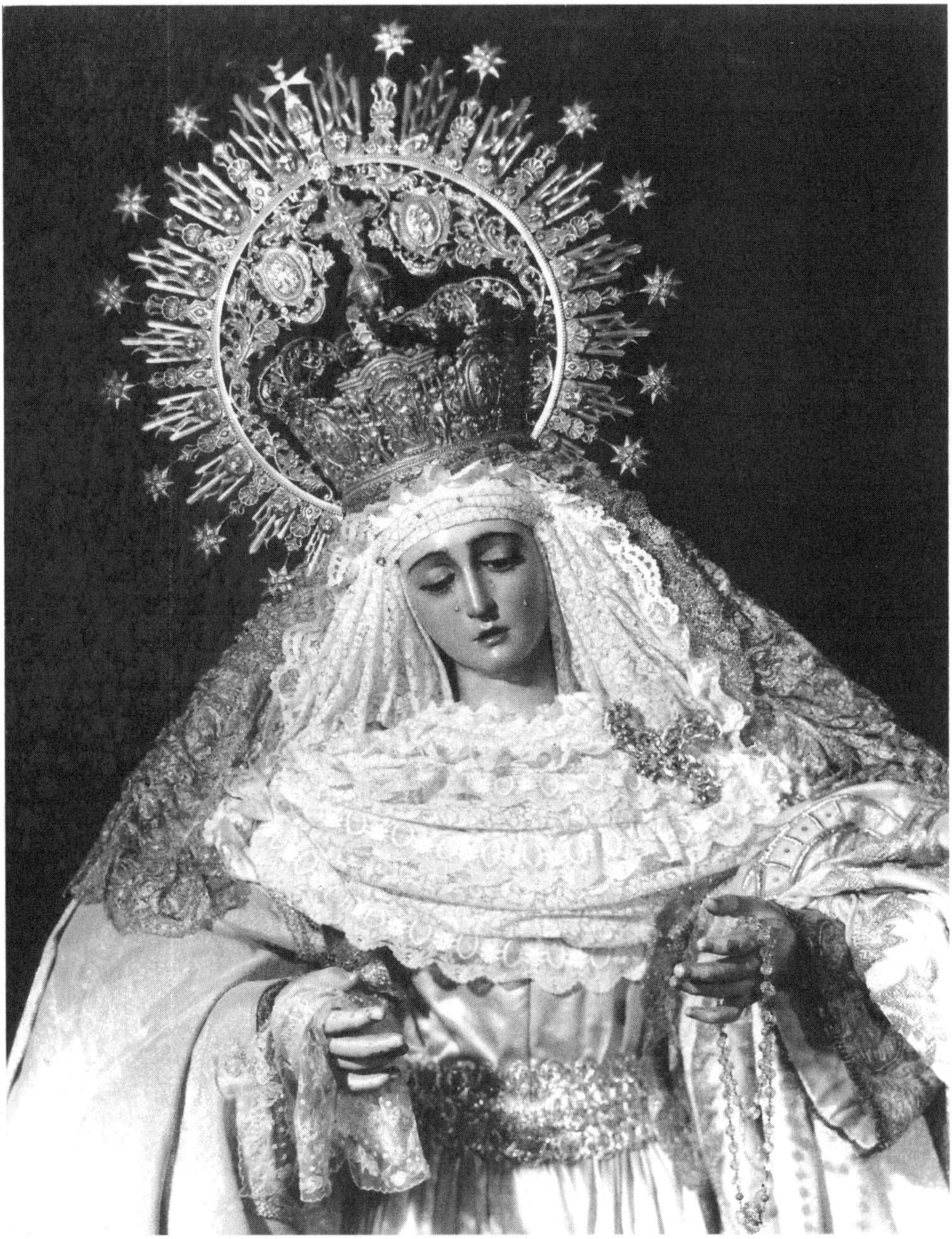

2004: Virgen del Rosario en sus Misterios Dolorosos

Concedida por el Ordinario de Lugar

La imagen de la dolorosa de 1,60 m. es titular de la Pontificia, Real, Ilustre y Antigua Hermandad Dominica y Archicofradía de Nazarenos de la Sagrada Oración de Nuestro Señor Jesucristo en el Huerto, Santísimo Cristo de la Salud, María Santísima del Rosario en sus Misterios Dolorosos Coronada y Santo Domingo de Guzmán. Preside desde su camarín del retablo mayor de la capilla a Ella dedicada, aneja al antiguo convento dominico de Nuestra Señora de Montesión, que justifica la advocación de la Virgen, del que resta sólo la iglesia secularizada. Según las noticias conocidas es la primera imagen dolorosa con el título del Rosario que se conozca. Procesiona el Jueves Santo.

Fue coronada canónicamente por el Cardenal Carlos Amigo Vallejo el treinta y uno de octubre en el Altar del Jubileo de la catedral. La corona de oro, obra realizada ex profeso del taller de Ramón León, combina joyería y orfebrería.

En la procesión de regreso por la tarde, la lluvia hizo acto de presencia. Se retrasó por peligro de lluvia, y, a pesar de ello, finalmente, empezó a llover y se refugió en la iglesia de la Anunciación hasta la mañana del día siguiente, en que regresó hasta su capilla.

La imagen, del último tercio del XVI, parece ser la más antigua dolorosa que procesiona en Semana Santa. En el año 1591 fue donada por el hermano sastre Juan de Torres, y no hay constancia de su sustitución, aunque se desprende una remodelación barroca en el último tercio del XVII en que se realizó una renovación estética de la cofradía.

Ha sido atribuida por el fallecido historiador José González Isidoro a Andrés de Ocampo Ocampo, discípulo de Jerónimo Hernández, que realizó una primera imagen del Señor de la Oración, y que vivió en el barrio de la Feria en 1576 y luego en sus aledaños.

Es la primera dolorosa de Sevilla de la que se tiene noticia de que procesionase bajo palio, pues en 1592 hay constancia del encargo de un juego de varales de plata de ley y una ráfaga para el paso de la Virgen. Es, así mismo, la primera en presidir un retablo mayor, a partir de 1605.

Francisco Buiza la restauró en 1976. En 1995 fue llevada a cabo por Enrique Gutiérrez Carrasquilla en el Instituto Andaluz de Patrimonio Histórico una importante restauración. Pedro Manzano sometió a la imagen a un proceso de fijado, consolidación y limpieza en 2015-2016.

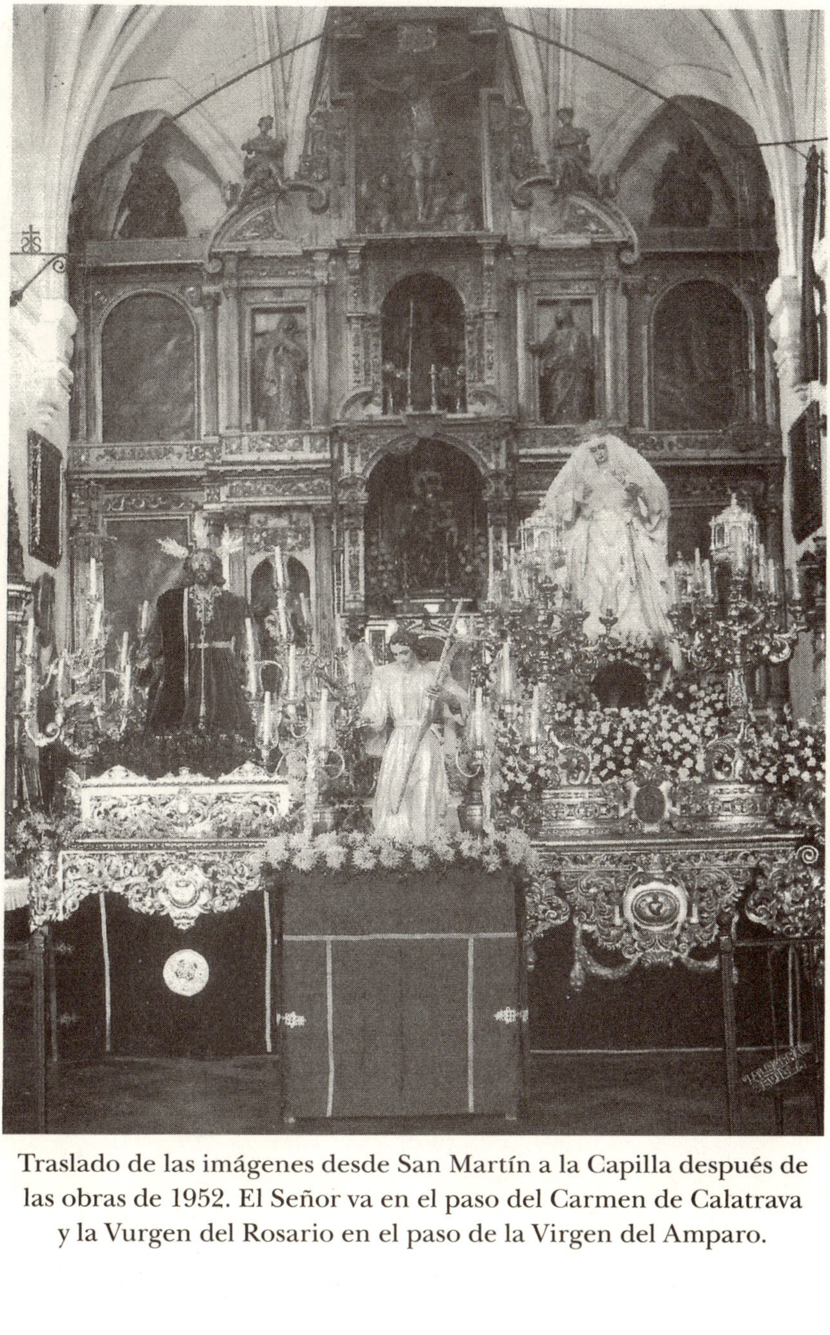

Traslado de las imágenes desde San Martín a la Capilla después de las obras de 1952. El Señor va en el paso del Carmen de Calatrava y la Vurgen del Rosario en el paso de la Virgen del Amparo.

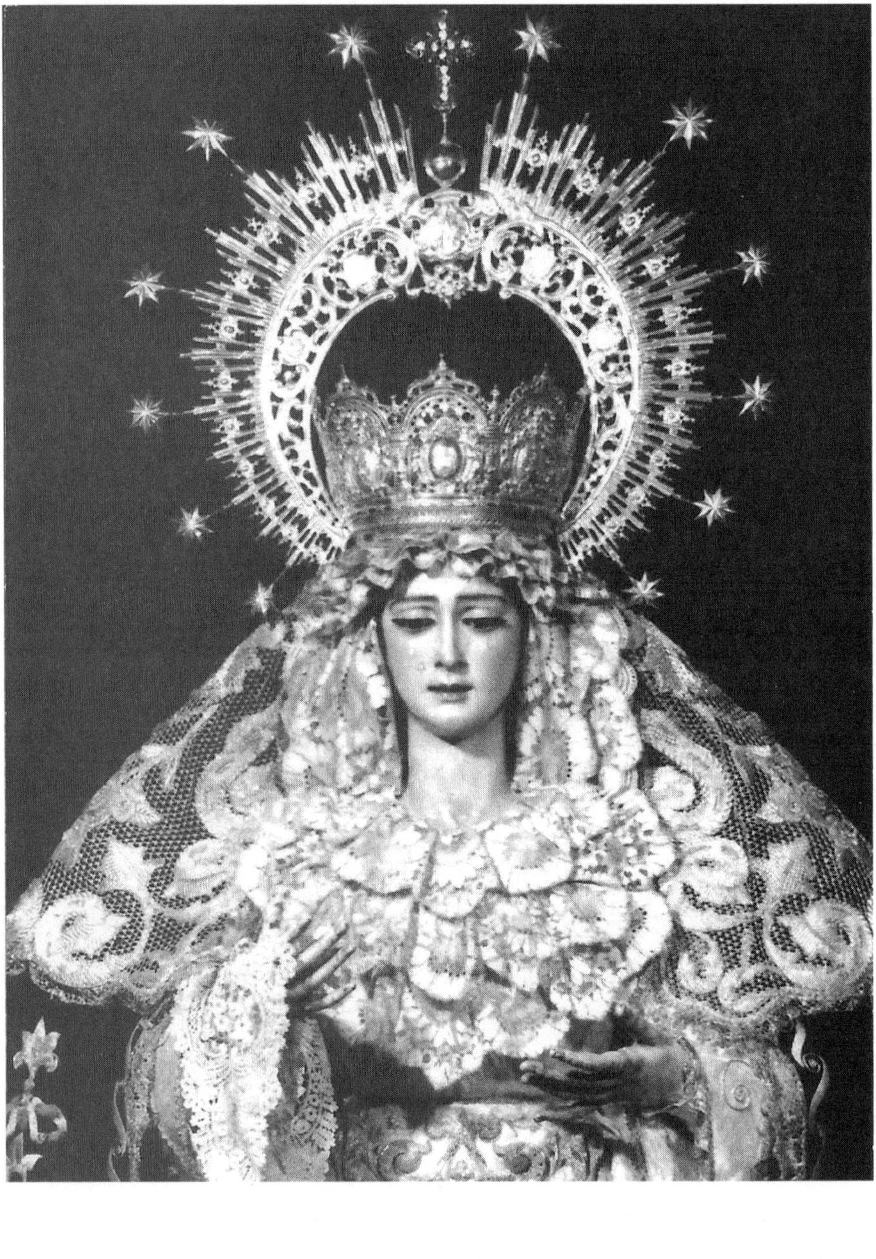

2005: Virgen de la Palma

Concedida por el Ordinario de Lugar

Esta imagen de dolorosa de 1,68 m. es titular de la Real, Ilustre, Antigua, Fervorosa y Franciscana Hermandad Sacramental y Cofradía de Nazarenos del Santo Sudario de Nuestro Señor Jesucristo, Santísimo Cristo del Buen Fin, Nuestra Señora de la Palma Coronada, San Francisco de Asís y San Antonio de Padua. Preside en la actualidad el retablo mayor de la Iglesia de San Antonio de Padua. Procesiona el miércoles santo.

El sábado ocho de octubre tuvo lugar su coronación canónica, ejecutada por el Cardenal Carlos Amigo Vallejo en el Altar del Jubileo de la catedral. La corona, realizada para la ceremonia en oro de ley por Orfebrería Andaluza el mismo año, había sido diseñada por Antonio Dube de Luque.

La imagen se adscribe al taller Roldán, de finales del XVII. El candelero es de Ortega Bru, realizado en 1979. Al año siguiente fue restaurada por el mismo escultor, que le abrió levemente los labios.

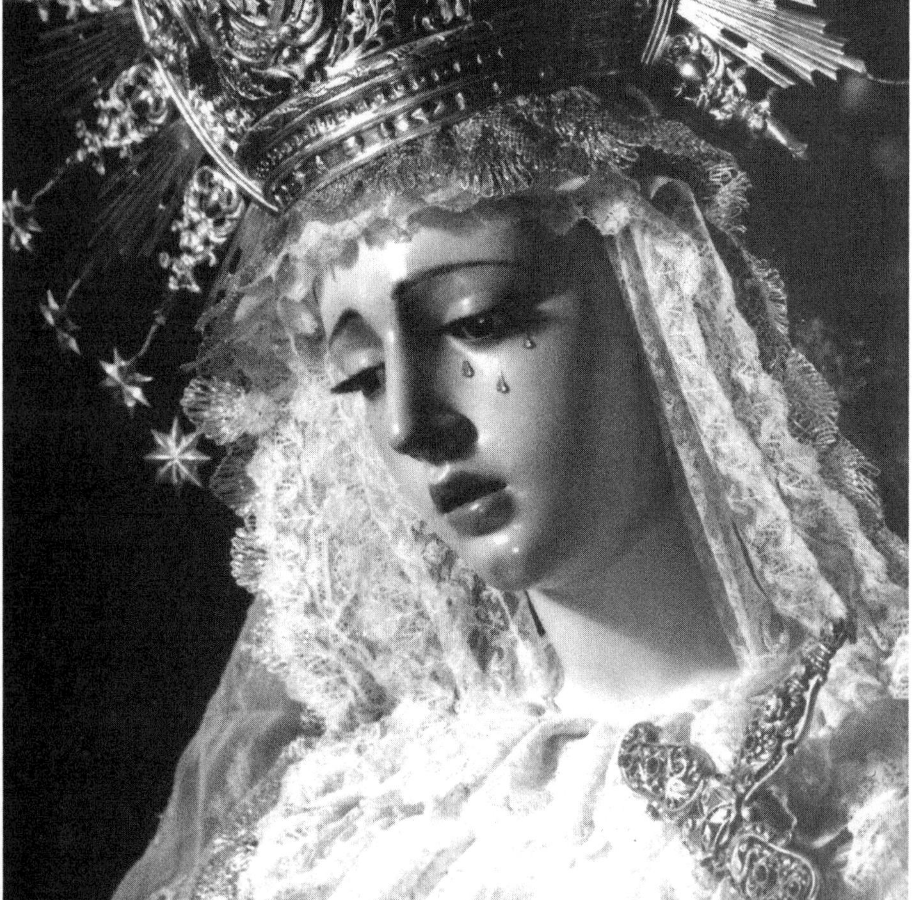

2006: Virgen de la Esperanza de la Trinidad

Concedida por el Ordinario de Lugar.

Esta imagen de dolorosa de 1,58 m. es titular de la Pontificia, Real, Muy Ilustre y Trinitaria Hermandad Sacramental y Archicofradía de Nazarenos del Sagrado Decreto de la Santísima Trinidad, Santísimo Cristo las Cinco Llagas, María Santísima de Concepción, Nuestra Señora dela Esperanza Coronada y San Juan Bosco. Recibe culto en el camarín de su capilla de la Basílica de María Auxiliadora de la Trinidad.

El primer paso para la coronación canónica fue el viernes treinta y uno de marzo de 1997, en que el Ministro General de la Orden de la Santísima Trinidad, José Hernández Sánchez, solicitó al Arzobispo Carlos Amigo Vallejo esta distinción. En Cabildo General de Hermanos celebrado el catorce de noviembre de 1999 en respaldo a dicha petición decidió formalizarla ante el Ordinario de Lugar.

El dieciocho de diciembre de 2003, festividad de la Expectación del Parto de Nuestra Señora, fue depositada a los pies de la imagen de la Virgen la corona de oro que se había confeccionado para su coronación canónica, realizada en el taller de los Hermanos Delgado.

El día diez de junio de 2006, víspera de la solemnidad de la Santísima Trinidad, finalmente, el Cardenal Carlos Amigo

Vallejo la coronó en el Altar del Jubileo de la catedral. Para tal efeméride, tuve el honor de escribir la letra del himno y componer su melodía, que fue orquestada por Manuel Marvizón.

La bellísima imagen es obra de Juan de Astorga de 1819. Se sabe que Ángel Rodríguez Magaña la restauró en 1907. Sebastián Santos Rojas hizo lo mismo en 1967. Luis Álvarez Duarte le hizo nuevo candelero en el 2000. Finalmente, en 2012 la imagen fue restaurada en el Instituto Andaluz de Patrimonio Histórico, realizándose labores de conservación, de consolidación y de la limpieza.

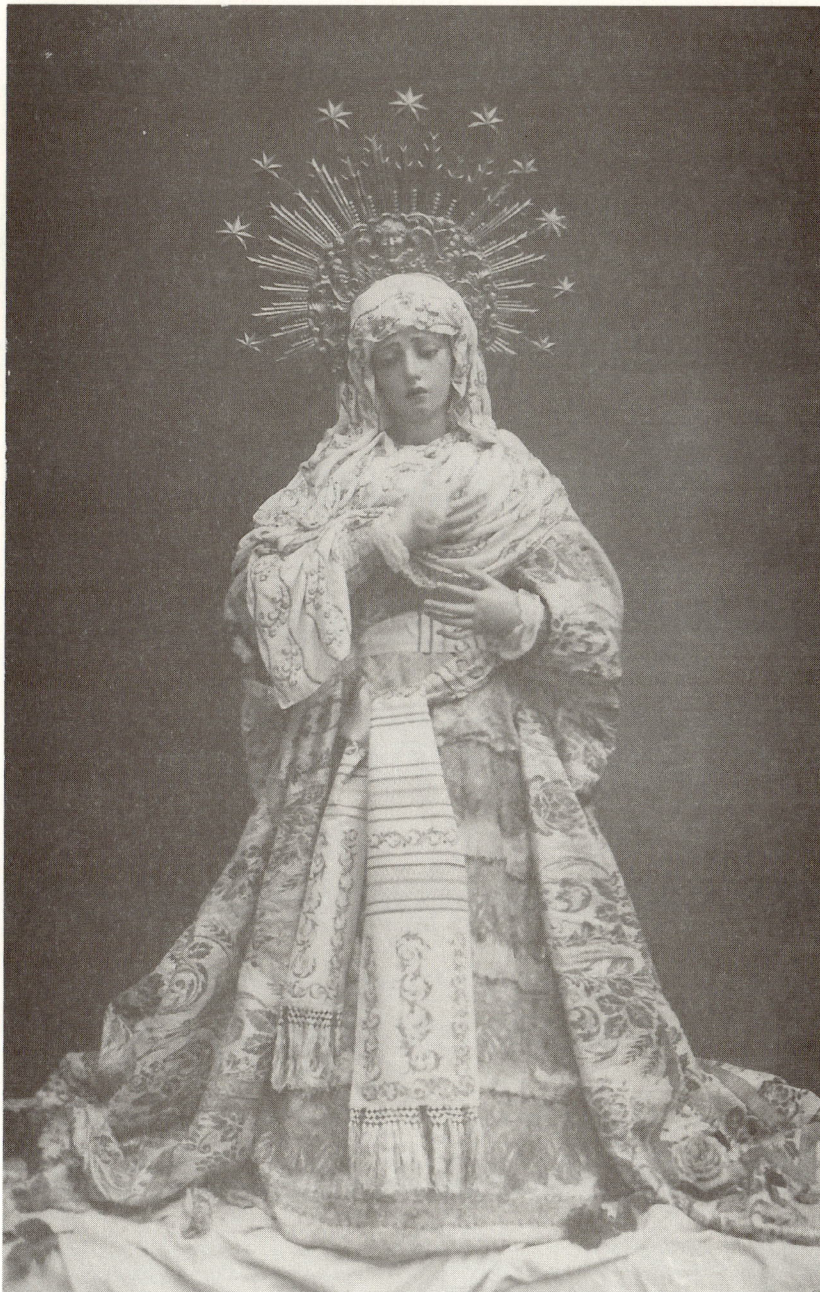

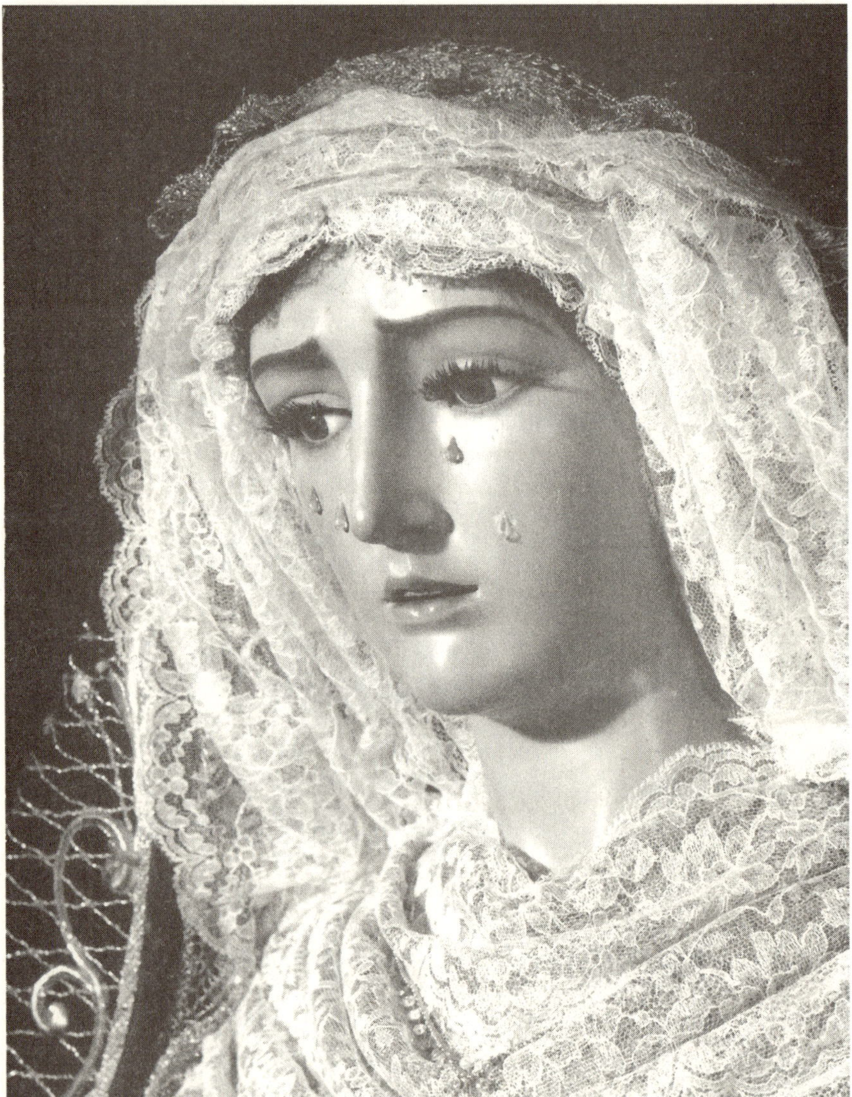

2007: Virgen de la O

Concedida por el Ordinario de Lugar

Esta imagen de dolorosa de 1,62 m. es titular de la Pontificia, Real e Ilustre Archicofradía del Santísimo Sacramento, Nuestro Padre Jesús Nazareno y María Santísima de la O. Recibe culto en el retablo mayor de la iglesia a esta advocación dedicada desde 1961. Se venera también en la capilla una imagen mariana de gloria con la misma advocación; no hay noticia de que existiera imagen de dolorosa hasta 1614, en principio exclusivamente para la estación de penitencia. Procesiona el Viernes Santo.

El veinte de diciembre de 2002 fue presentada la solicitud ante la autoridad eclesiástica, y, admitida a trámite, el expediente fue presentado el veinticuatro de marzo de 2004. El anuncio se produjo el tres de enero de 2005. Fue coronada el dos de junio del 2007 por el Cardenal Carlos Amigo Vallejo en su palo de palio en la Plaza del Altozano. La corona de oro fue realizada por Juan Antonio Borrero y diseñada por Francisco Javier Sánchez de los Reyes.

La actual imagen es obra de Antonio Castillo Lastrucci, que vino a sustituir en 1937 a la anterior, que había quedado muy maltrecha en los actos vandálicos de las hordas marxistas del dieciocho julio de 1936. Fue entregada el dieciocho de marzo y bendecida el veintidós.

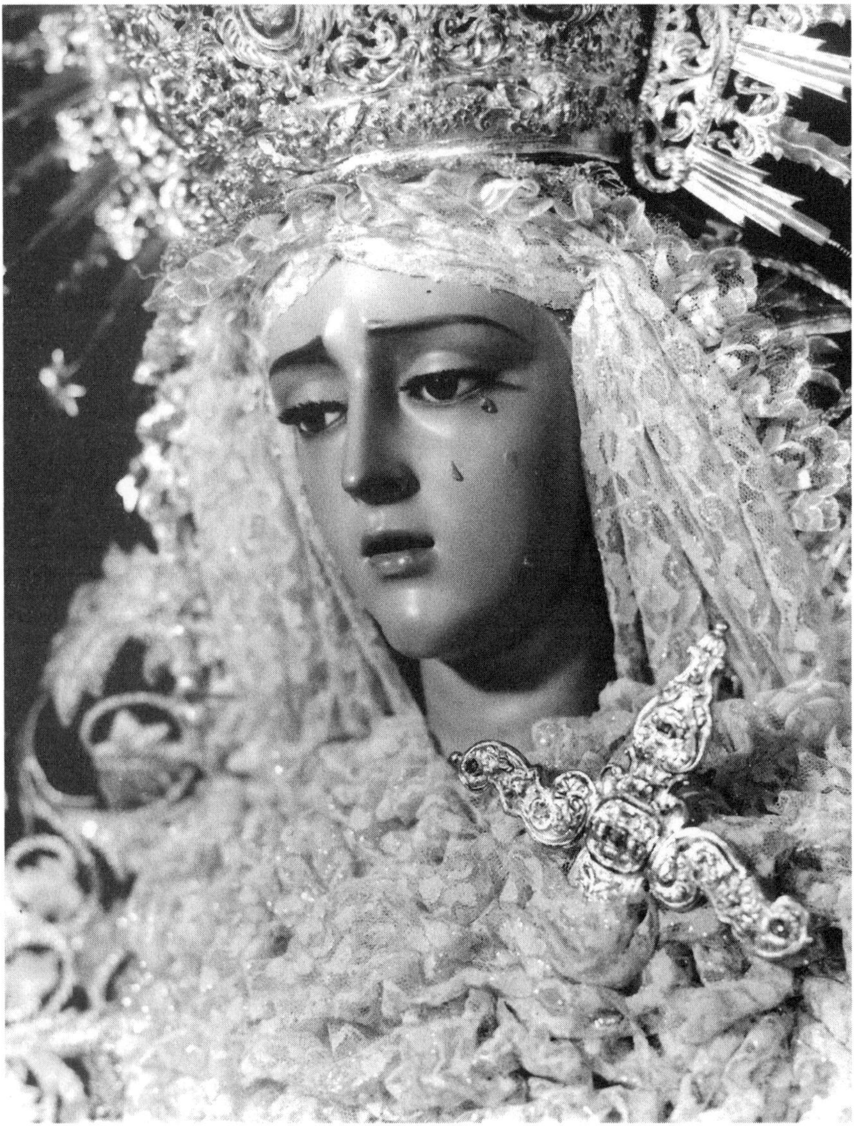

2009: Virgen de la Caridad

Reconocimiento canónico desde esta fecha de la imposición de corona de 1960

Concedido por el Ordinario de Lugar

Esta imagen de dolorosa de 1,66 m. es titular de la Antigua y Fervorosa Hermandad de la Santa Cruz y Cofradía de Nazarenos del Santísimo Cristo de la Misericordia y Nuestra Señora de la Piedad, Patriarca Bendito Señor San José, y María Santísima de la Caridad en su Soledad, conocida popularmente como el Baratillo por el nombre antiguo del lugar donde se alza su Capilla de la Piedad. Es venerada en el retablo del lado de la epístola de la capilla mayor del templo. Procesiona el miércoles santo.

El uno de enero de 2009, el Cardenal Carlos Amigo Vallejo firmó un decreto por el que se le concedía el rango de coronación canónica por el acto de imposición de la corona a la imagen por su antecesor el Cardenal José María Bueno Monreal, que se había celebrado en su capilla el veinte de marzo de 1960, actuando de padrinos el Teniente General Castejón Espinosa y su Señora. El padre de mi colaborador Ramón, Manuel Ramón de la Campa Medel, actuó de teniente abanderado del regimiento Soria 9 que rindió honores.

La corona de la Virgen es de plata sobredorada, obra de Manuel Román Seco de 1960. La imagen es obra de José Rodríguez Fernández Andes de 1931, por la que cobró 600 pesetas, que vino a sustituir a una anterior del mismo escultor de 1926, ejecutada para salir bajo palio. Primitivamente se llamaba Soledad, mas desde 1929 pasó a llamarse Caridad en su Soledad. Fue restaurada por Luis Álvarez Duarte en 1977 y por Juan Manuel Miñarro López en 1996.

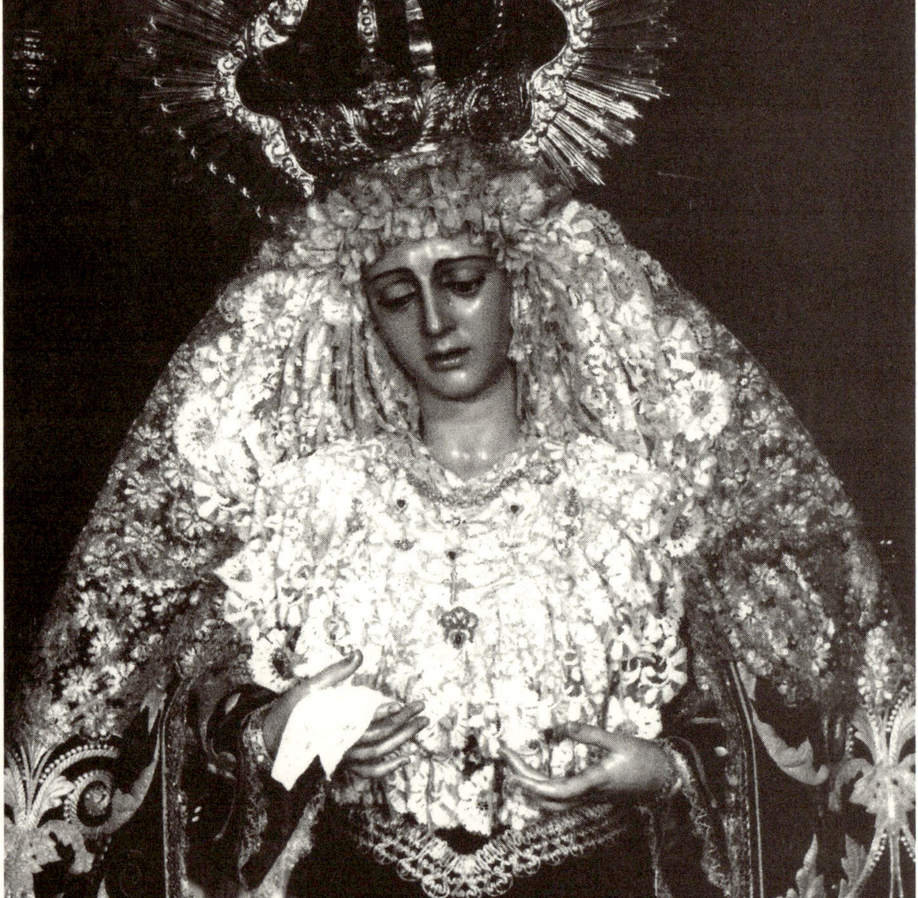

2010: Virgen de Regla

Concedida por el Ordinario de Lugar

Esta imagen de dolorosa de 1,73 m. es titular de Pontificia, Real, Ilustre y Fervorosa Hermandad y Archicofradía de Nazarenos de Nuestro Padre Jesús del Soberano Poder en su Prendimiento, María Santísima de Regla y San Andrés Apóstol. Preside la capilla de San Andrés. Procesiona el miércoles santo.

Fue el 15 de septiembre del año 2009 cuando se dio lectura del decreto sobre el expediente.

El domingo veintiséis de septiembre de 2010 fue coronada por el Arzobispo Juan José Asenjo Pelegrina en el Altar del Jubileo de la catedral. La nueva corona es similar a la antigua de 1849, obra de los Hermanos Delgado López para dicho evento.

Así mismo, un año más tarde, en 2011, tras ser trasladada a Madrid, participó en el viacrucis de las Jornadas Mundiales de la Juventud, junto con otras imágenes del resto de España, presidido por el papa Benedicto XVI.

Es obra del último tercio del XVII adscrita al taller Roldán. Fue restaurada en 1821 por Juan de Astorga por 820 reales. En 1878 fue intervenida después de sufrir una inundación por Gumersindo Jiménez Astorga. En 1949 Sebastián Santos Rojas estucó y policromó por 5.500 pesetas. En 1964 el mismo escultor reintegró parcialmente la encarnadura del cuello de la Dolorosa por 300 pesetas. En 1971 le sustituyó el candelero a la imagen Luis Alvarez Duarte. La última restauración fue llevada a cabo por Enrique Gutiérrez Carrasquilla entre 2005 y el 2006.

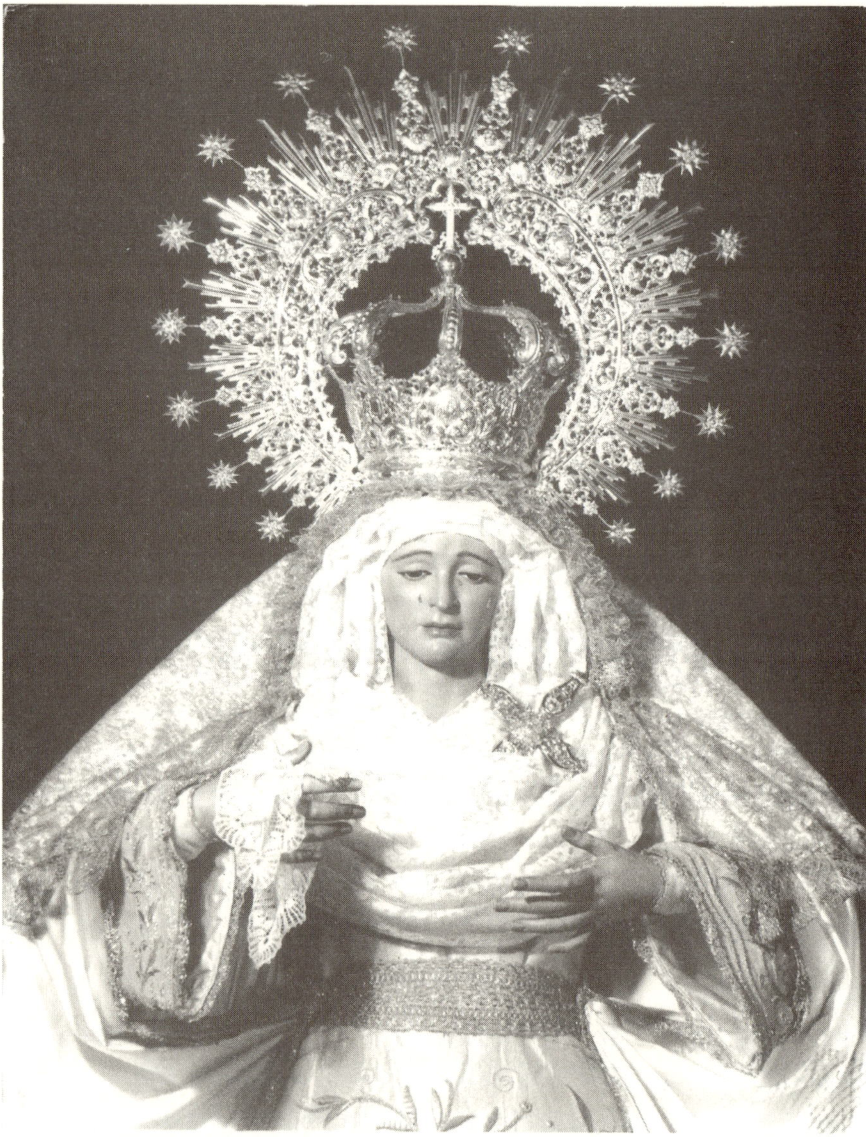

2016: Virgen de la Paz

Concedida por el Ordinario de Lugar

Esta imagen dolorosa de 1,63 m. es titular de la Real y Fervorosa Hermandad Sacramental del Señor San Sebastián y Nuestra Señora del Prado y Cofradía de Nazarenos de Nuestro Padre Jesús de la Victoria y María Santísima de la Paz. Recibe culto en la capilla sacramental de la Iglesia Parroquial de San Sebastián, que se abre en la cabecera de la nave del evangelio. Procesiona cada domingo de Ramos.

La imagen fue coronada en la Plaza de América por el Arzobispo Juan José Asenjo Pelegrina, el uno de octubre. La corona de plata es obra de Juan Fernández de 1941, reformada en 1974 en el taller de Villarreal, restaurada por Orfebrería Andaluza en el 2007 y enriquecida por los Hermanos Delgado López para la coronación.

La imagen es obra de Antonio Illanes Rodríguez de 1939. Fue reencarnada por Sebastián Santos y tuvo que ser intervenida en 1979 por Arquillo tras los daños que se le produjeron en la encarnadura como consecuencia de un incendio fortuito. En el 2002 la imagen fue restaurada por Juan Manuel Miñarro López.

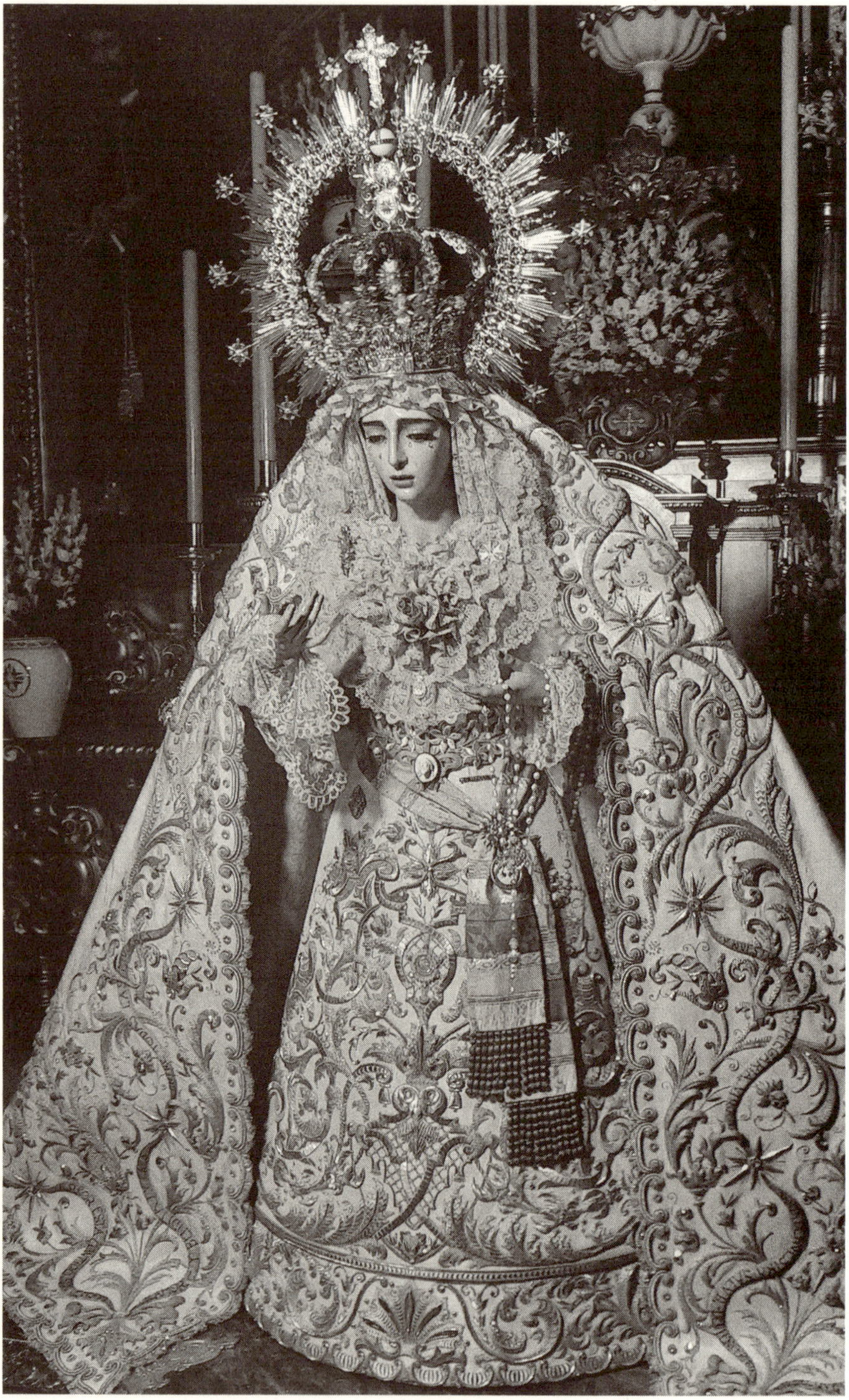

2017: Virgen de la Salud

Concedida por el Ordinario de Lugar

Esta imagen de dolorosa de 1,74 m. es titular de la Pontificia y Real Hermandad del Santísimo Sacramento y Cofradía de Nazarenos de Nuestro Padre Jesús en Su Soberano Poder ante Caifás, Nuestra Señora de la Salud y San Juan Evangelista. La Virgen recibe la veneración de los fieles en el altar del crucero de la epístola de la Iglesia Parroquial de San Gonzalo. Procesiona el Lunes Santo.

El veintiuno de septiembre de 2015, Juan José Asenjo Pelegrina, Arzobispo de Sevilla, comunicó que la imagen sería coronada, lo que se efectuó el sábado quince de octubre de dos años después. El citado Arzobispo la coronó con una corona de oro, plata, marfil y piedras preciosas, enriquecida la realizada por Fernando Marmolejo Camargo, por su hijo, Fernando Marmolejo Hernández para el evento.

La imagen es obra de Luis Ortega Bru de 1977, en que sustituyó no sin polémica a una de 1946 de Rafael Lafarque de 1946. Las manos son de Antonio Eslava Rubio de 1969. En el otoño de 2013 Pedro Manzano le hizo una restauración integral, y en agosto de 2023 el mismo restaurador acometió una intervención menor de mantenimiento.

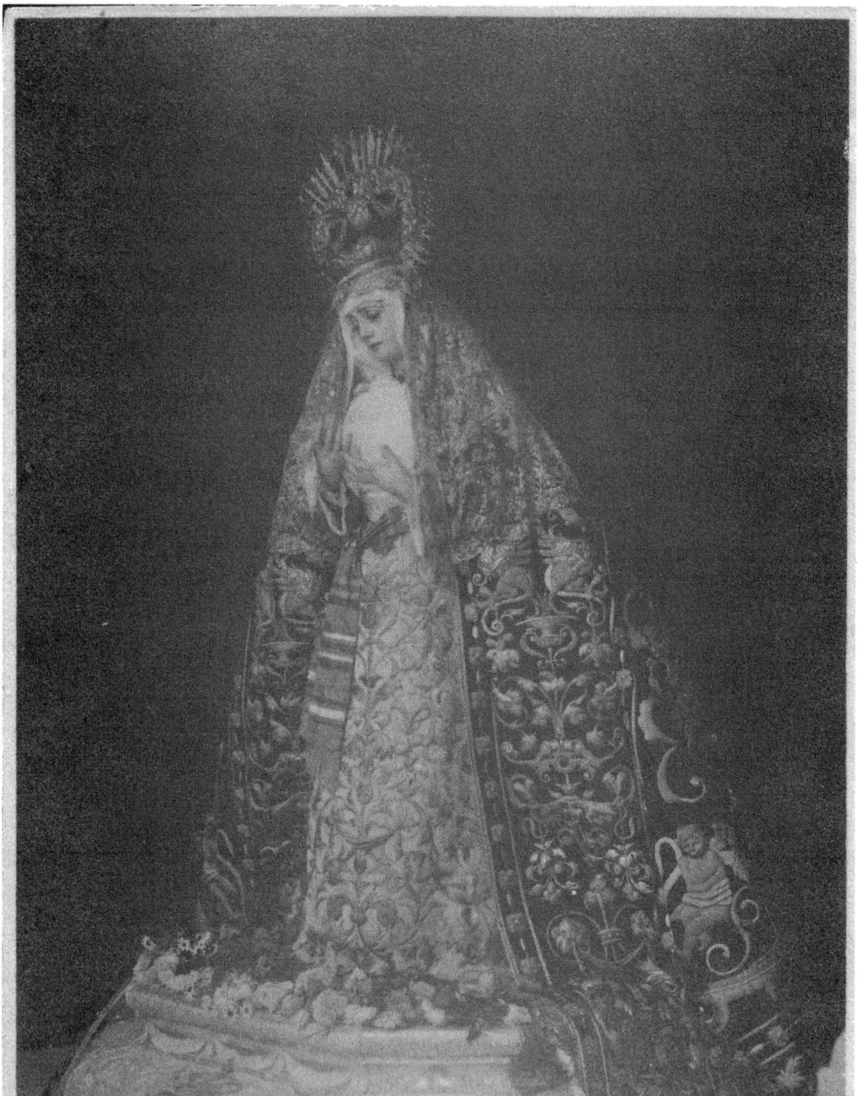

2018: Virgen de la Victoria

Concedida por el Ordinario de Lugar

Esta imagen de dolorosa de 1,72 m. es titular de la Real e Ilustre Hermandad y Cofradía de Nazarenos de la Sagrada Columna y Azotes de Nuestro Señor Jesucristo y María Santísima de la Victoria, conocida popularmente por Las Cigarreras, por su vinculación a la Real Fábrica de Tabacos, en cuya capilla recibe culto. Procesiona el Jueves Santo.

La Dolorosa fue coronada por el Arzobispo Juan José Asenjo Pelegrina en la mañana del sábado trece de octubre. Se empleó la corona de plata sobredorada labrada por Manuel Seco Velasco en 1967, enriquecida por Miguel Ángel Cerezo Butelo para este acto.

La imagen se adscribe al siglo XVII, seguramente entre 1611 y 1628. Fue intervenida por Astorga en 1803, Baglietto en 1859 (nuevo candelero, cintura y brazos), y Francisco Buiza en 1978, y restaurada integralmente por Enrique Gutiérrez Carrasquilla entre noviembre de 2006 y febrero de 2007. Las manos son de Juan Luis Guerrero de 1916.

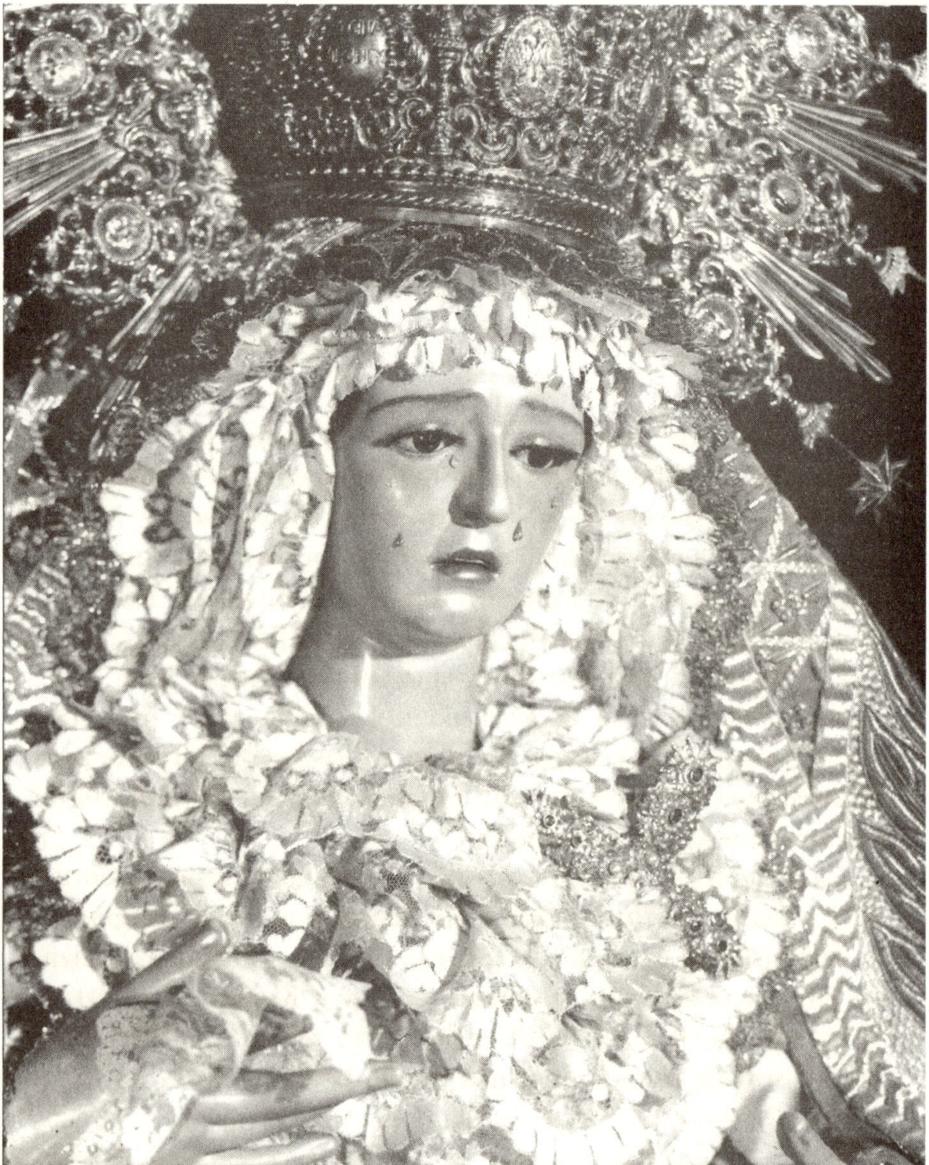

2019: Virgen de los Ángeles

Concedida por la Reverenda Fábrica de San Pedro

Esta imagen de dolorosa de 1,62 m. es titular de la Muy Antigua, Pontificia y Franciscana Hermandad y Cofradía de Nazarenos del Santísimo Cristo de la Fundación y Nuestra Señora de los Ángeles Coronada. Se venera en el camarín del altar mayor de la capilla a Ella dedicada. Era una hermandad de negros con su hospital propio, hoy la casa de hermandad. Procesiona en la tarde del Jueves Santo.

Nuestra Señora de los Ángeles fue coronada canónicamente según la vía tradicional de Roma por voluntad del Arzobispo Juan José Asenjo Peregrina, que la efectuó en el Altar del Jubileo de la catedral hispalense el dieciocho de mayo de 2019.

La corona es obra de Manuel Román Seco de 1970, según diseño de Juan Miguel Sánchez Fernández. Fue restaurada y enriquecida por el joyero cordobés Miguel Ángel Cerezo durante los últimos seis meses antes de la coronación.

Es una obra anónima que algunos especialistas remontan a finales del XVI por la estructura tubular de su cuello, su actitud hierática y frontalidad del rostro así como por sus manos esquematizadas. Juan Miguel Sánchez la reencarnó en 1955 y en 1984 Antonio Dubé de Luque le realizó una polémica intervención.

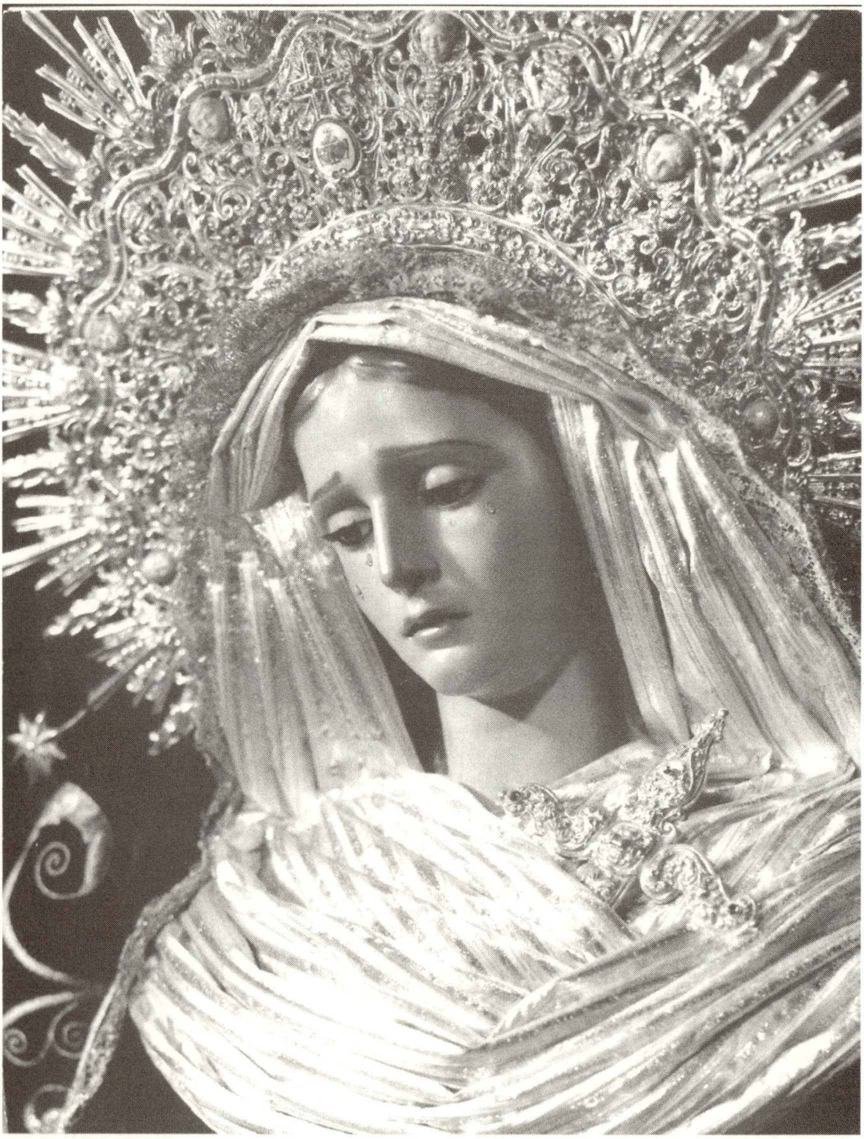

2024: Nuestra Señora de la Piedad

Esta imagen de dolorosa sedente con Cristo en los brazos de 1,34 m. es titular de la Antigua y Fervorosa Hermandad de la Santa Cruz y Cofradía de Nazarenos del Santísimo Cristo de la Misericordia y Nuestra Señora de la Piedad, Patriarca Bendito Señor San José, y María Santísima de la Caridad en su Soledad, conocida popularmente como ya hemos dicho el Baratillo. Recibe culto en el retablo mayor de la capilla a Ella dedicada. Procesiona el miércoles santo.

Se coronará en la catedral el catorce de septiembre de 2024, según anunció el propio Arzobispo José Ángel Sáinz Meneses en la función principal de la pasada cuaresma, el veintiséis de febrero del 2023. Será la primera hermandad con dos dolorosas coronadas, ya que la imposición de corona a la Virgen de la Caridad en su Soledad de 1960, como ya hemos comentado, fue elevada a rango canónico en 2009. La Hermandad ha decidido encargar a los Hermanos Delgado López una diadema de oro inspirada en la que lleva la Virgen en el azulejo junto al arco del Postigo del Aceite.

Es una obra de José Manuel Rodríguez Fernández-Andes, de 1945, que sustituyó a una remodelada por Emilio Pizarro de la Cruz en 1904. Enrique Gutiérrez Carrasquilla la restauró en el 2005, y Juan Manuel Miñarro en 2016.

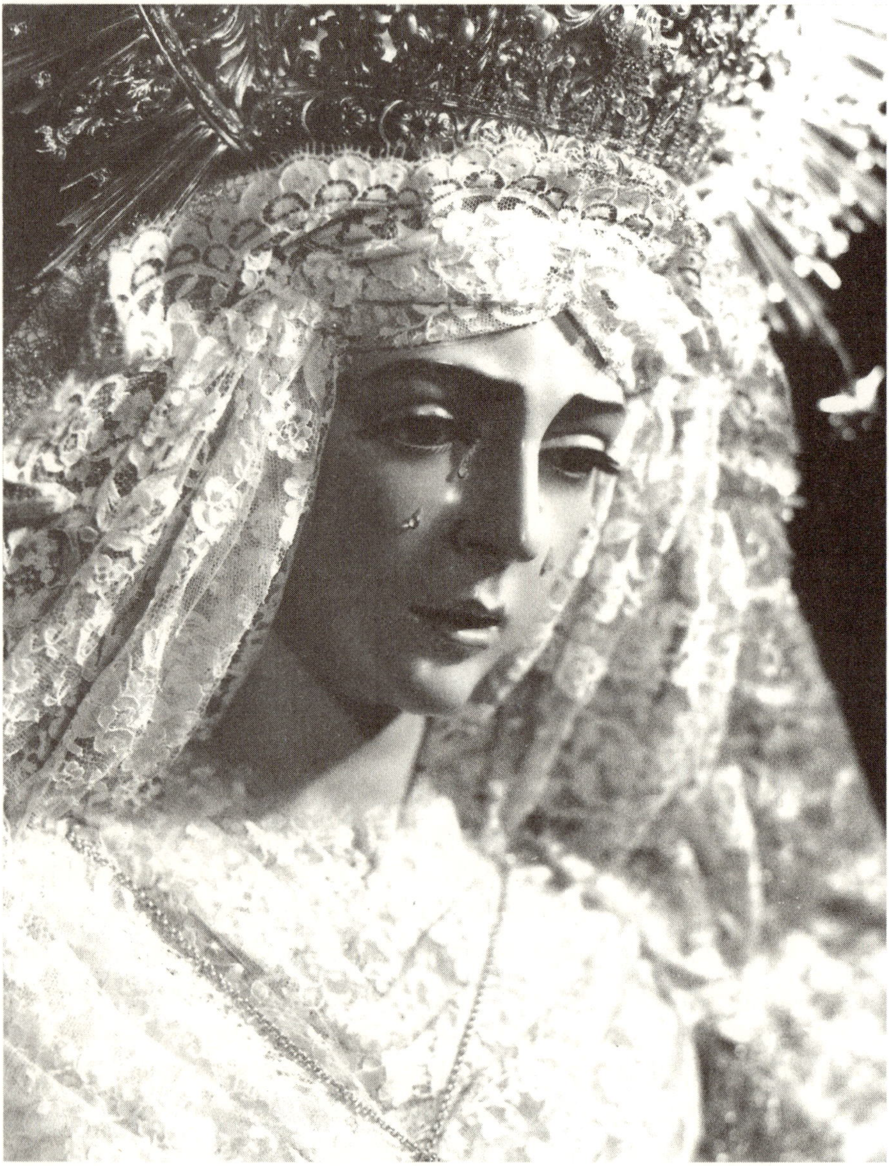

2025: Virgen del Rocío

Esta imagen de dolorosa de 1,74 m. es titular de la Real e Ilustre Hermandad del Santísimo Sacramento, Nuestra Señora del Carmen y Cofradía de Nazarenos de Nuestro Padre Jesús de la Redención en el Beso de Judas, María Santísima del Rocío, San Fernando Rey, Santiago Apóstol y San Lucas Evangelista. Recibe culto en el altar mayor de la Iglesia de Santiago el mayor. Procesiona el lunes santo.

Esta imagen será coronada canónicamente el cinco de julio de 2025 por el Arzobispo José Ángel Sáinz Meneses, según fue anunciado por el obispo auxiliar de Sevilla, Ramón Valdivia en la misa de reapertura de la iglesia de Santiago el dieciocho de septiembre de este año de 2023.

La imagen es obra de Antonio Castillo Lastrucci de 1955 y costó 8.000 pesetas, porque, aunque estaba presupuestada en 10.000, el escultor, que era Teniente de Hermano de Mayor Honorario de la hermandad, cedió 2.000 pesetas como donativo. La imagen fue bendecida el cuatro de diciembre de ese año en Santa María la Blanca por el Cardenal José María Bueno Monreal.

En 1959 fue remodelada por el propio Castillo Lastrucci. Francisco Buiza le afinó los rasgos en 1965, y la restauró en 1974. En 1996 se le sustituyó el candelero en una nueva restauración realizada por Francisco Ayala y Ángel Rengel. Juan Manuel Miñarro intervino a en 2004 le limpió la policromía y resanó desperfectos. La última intervención, consistente en conservación y mantenimiento, fue realizada por éste último en enero de este 2023.

CORONACIONES DE IMÁGENES DE GLORIA DE SEVILLA CAPITAL

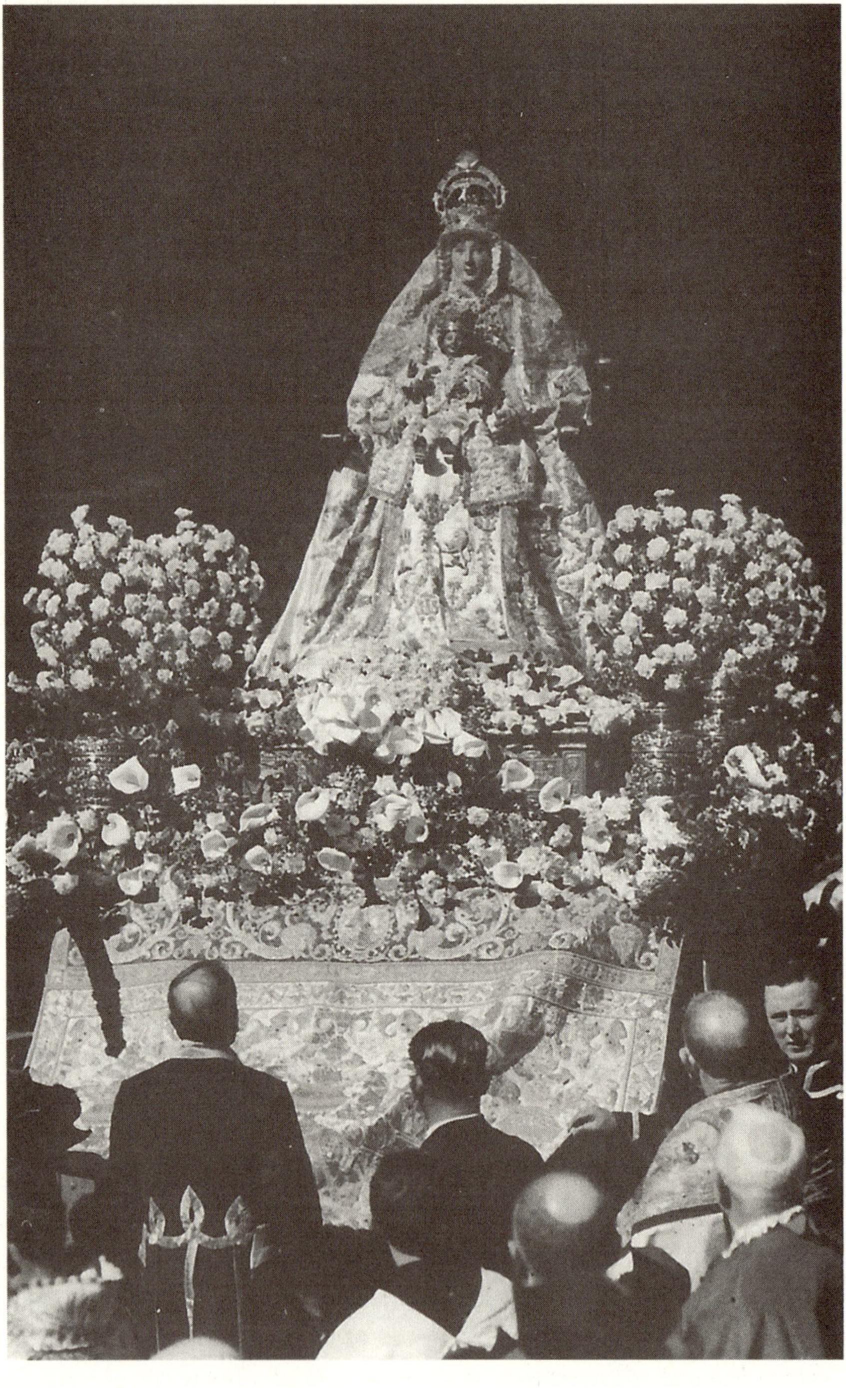

1904: Virgen de los Reyes, Patrona de Sevilla

Concedida por la Reverenda Fábrica de San Pedro. Primera de Andalucía

Esta imagen sedente, de 1,76 m., con el Niño Jesús en su regazo, de maniquí para vestir, preside la Capilla Real de la catedral, y está bajo la custodia del cabildo catedralicio, que provee canonjías de capellanes reales y la Dignidad de un Capellán Mayor. Procesiona el quince de agosto en procesión de Tercia, tras realizarse novena en su honor y después octava.

La imagen fue coronada canónicamente el cuatro de diciembre de 1904 en la catedral de Sevilla, concebida por el Arzobispo Beato Spínola como un homenaje mariano en el cincuentenario de la proclamación del dogma concepcionista, pòr eso estrenó manto celeste bordados en plata, realizado en los talleres de Olmo y donado por la condesa de Casa Galindo.

Fue coronada por expreso deseo del prelado hispalense por el Beato Cardenal Ciriaco María Sancha, Arzobispo de Toledo y primado. Esto la hace singular, al ser la única no coronada por un Arzobispo de Sevilla.

La corona, estrenada en su coronación, fue obra de Pedro Vives Ferrer. Primeramente había sido elegido un diseño de Lecaroz, pero éste no permitía incorporarle las piedras preciosas donadas al efecto, por lo que se pasó al proyecto del primeramente reseñado. La corona del Niño Jesus fue donada por Gracia Fernandez Palacios.

En 1939 le fueron atribuidos honores de Capitán General. En 1946, a petición del Cardenal Segura, el Papa Pío XII la sancionó como patrona principal de la ciudad y de su Archidiócesis. En 1958 se le concedió la Medalla de Oro de la ciudad de Sevilla, la primera imagen que la ha recibido en la ciudad.

La imagen, que presidió la entrada triunfal de las tropas cristianas en la ciudad el veintidós de diciembre de 1248, es donación fernandina a la catedral, donde se depositó tras dedicar la antigua mezquita aljama almohade como catedral. Es una obra anónima de estilo gótico francés, lo que apoya la leyenda de ser donación de San Luis Rey de Francia a su primo San Fernando, realizada en madera de alerce en la primera mitad del siglo XIII. Está totalmente articulada en cuello, brazos, piernas y torso, y originalmente la imagen era autómata. En el siglo XX fue restaurada secretamente en 1926 no sin polémica, por gestión de José Sebastián y Bandarán. En el 1980 la intervino Francisco Arquillo, que la volvió a tocar en el 2015 y, junto a su hijo, en el 2018.

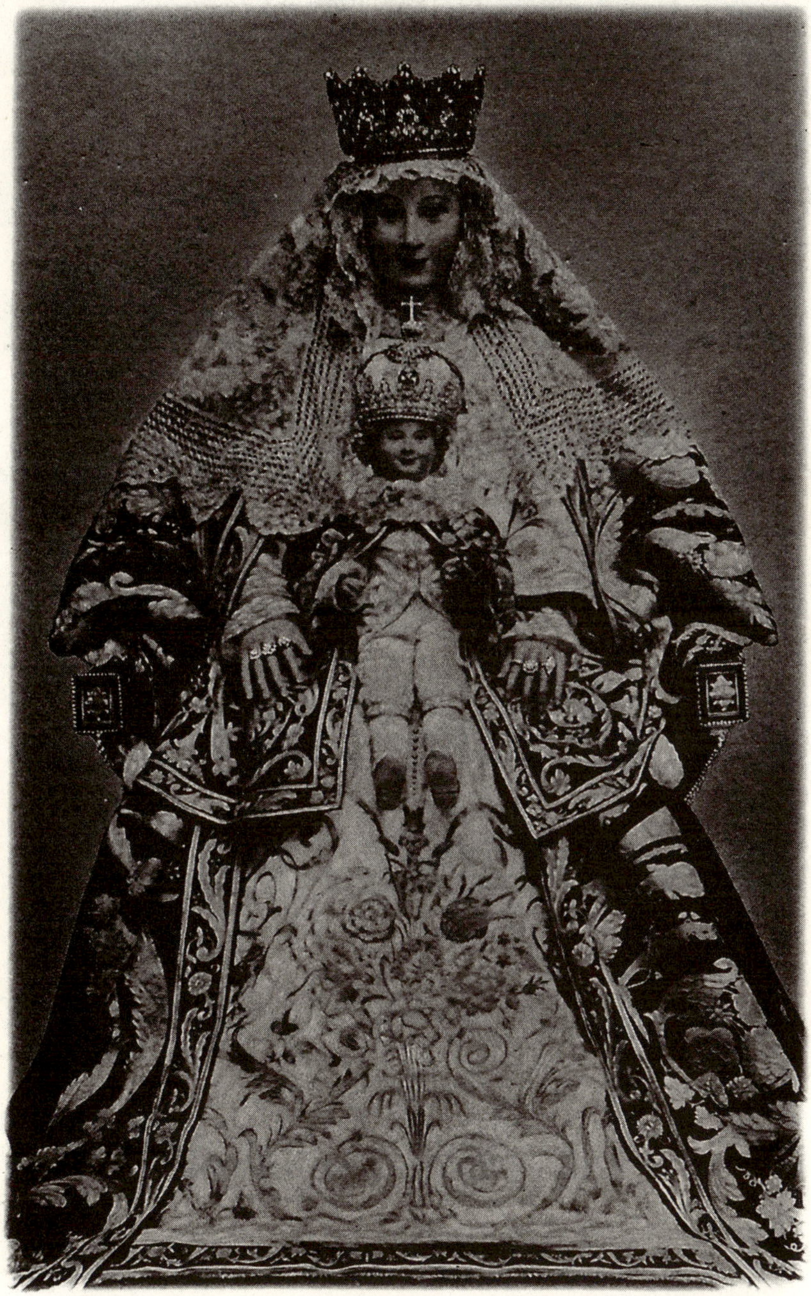

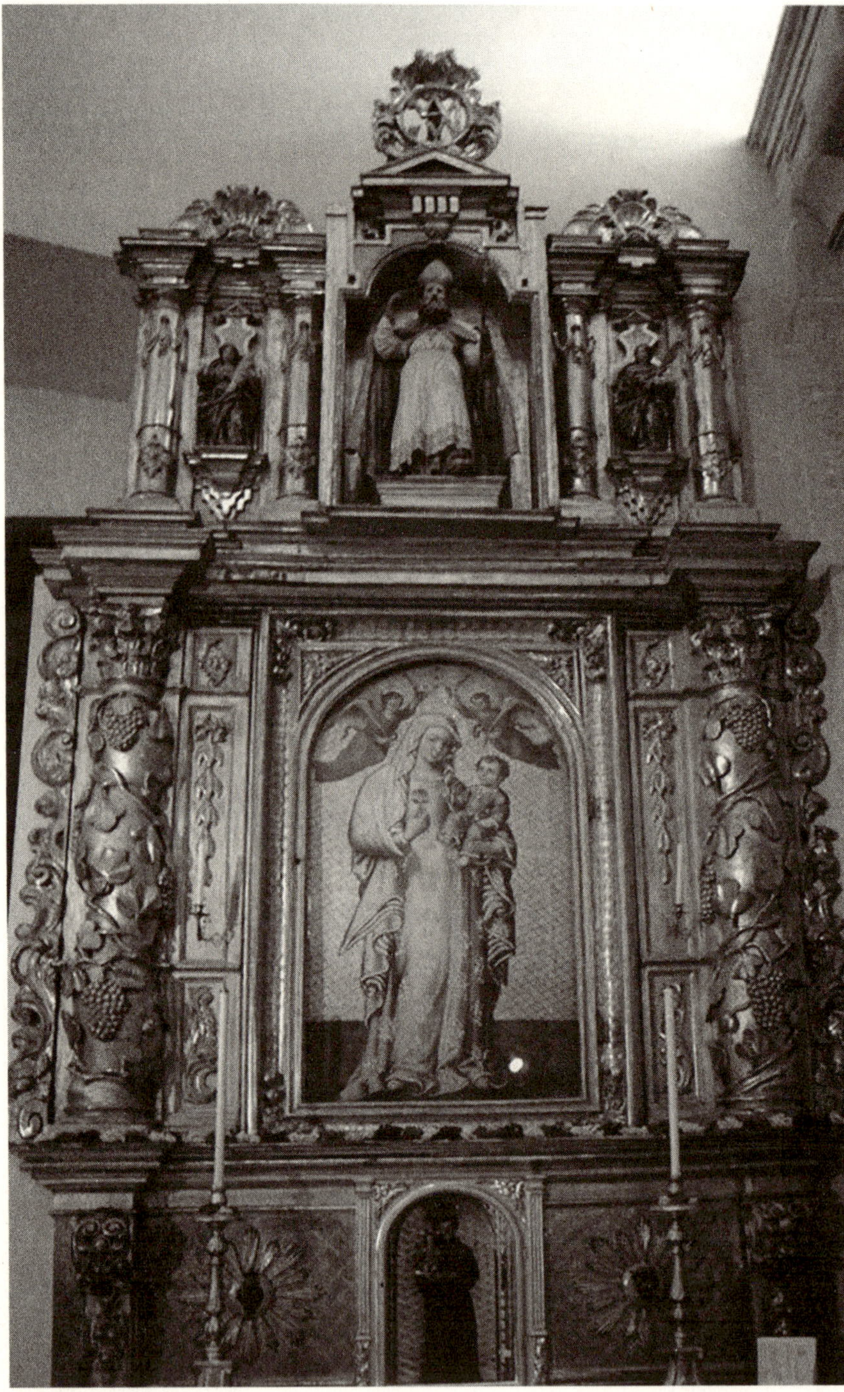

1929: Virgen de la Antigua

Concedida por la Reverenda Fábrica de San Pedro

La imagen de la Virgen del modelo iconográfico Hodegetria de 1,16 m. x 3,21 m. es una pintura al fresco, realizada en la antigua catedral, a la que está dedicada la más grande de las capillas menores del templo. Es del siglo XIV y se adscribe a la escuela sienesa. Fue pintada en el frente interior de un pilar de ladrillo de la fábrica almohade, situado a la entrada de la Capilla de San Pedro, frente al antiguo mihrab. En 1578 se trasladó a su actual emplazamiento.

El domingo veinticuatro de noviembre de 1929 fue coronada en su capilla la imagen al fresco, de escuela sienesa del siglo XIV, por el Cardenal Eustaquio Ilundáin y Esteban. Estuvo directamente vinculada con la Exposición Iberoamericana, por la rápida extensión de su devoción por el nuevo continente, lo que explica que en su diadema rece la inscripción Hispaniarum Regina.

Al ser una pintura mural, se sacó en procesión la réplica de la Iglesia de San Antonio Abad enmarcada en el altar de plata del Salvador, sobre el paso de la custodia del Corpus. Acompañaron la procesión banderas de países americanos portadas por sus cónsules, simpecados e insignias de diversas hermandades sevillanas. Participaron en ella en pasos la Virgen de la Paz de Santa Cruz, que representaba a los misterios gozosos, la Virgen del Rosario de Montesión, a los dolorosos, y la Reina de Todos los Santos, a los gloriosos. Por ello también en la capilla están expuestas diversas banderas de países de Ultramar. Las coronas, de oro, perlas y brillantes, habían sido realizadas en los talleres de Granda.

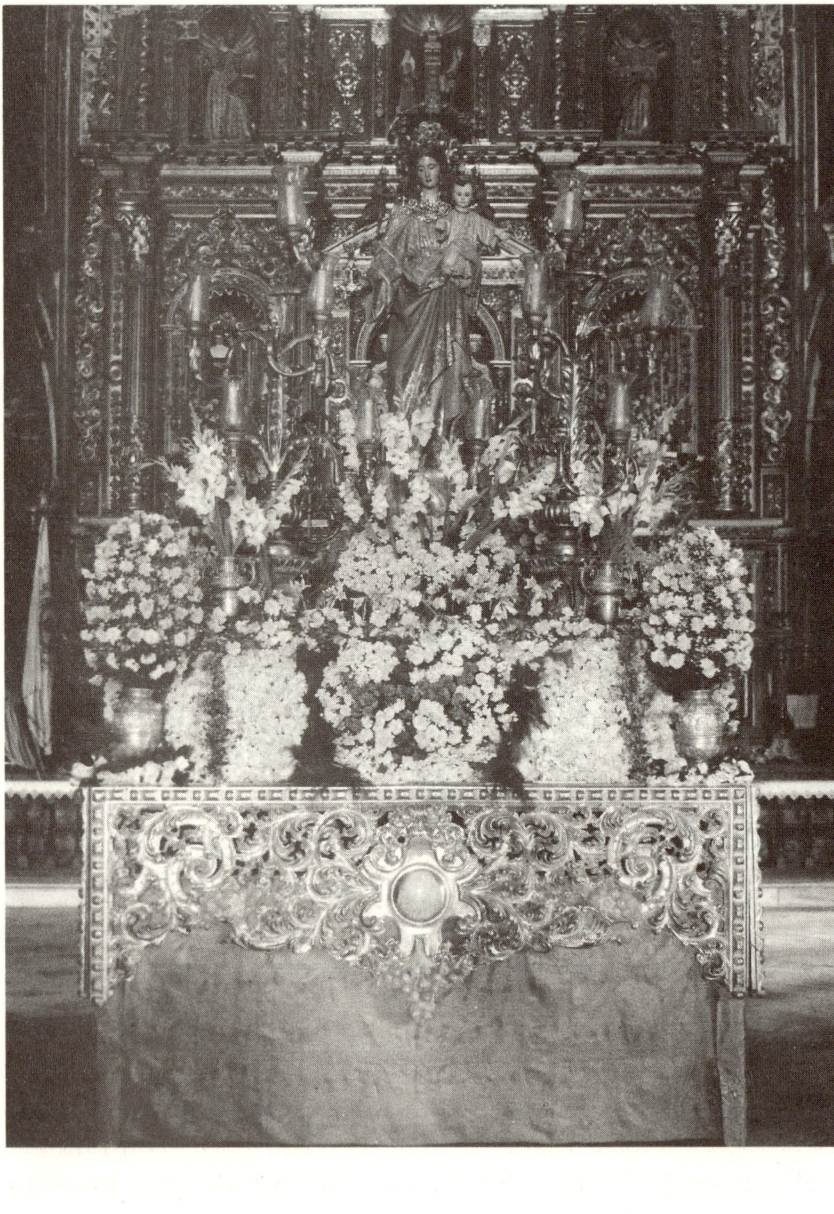

1954: María Auxiliadora de la Trinidad

Concedida por la Reverenda Fábrica de San Pedro

Esta imagen mariana estante con el Niño Jesús en su brazo izquierdo, de talla completa, de 1,55 m. sin peana, es titular de la Archicofradía de María Auxiliadora Coronada y San Juan Bosco. Recibe culto en el retablo mayor de la Basílica de su nombre, antiguo templo conventual trinitario de las Santas Justa y Rufina, hoy regentado por la congregación salesiana. Procesiona el sábado siguiente a su festividad litúrgica del veinticuatro de mayo.

El rescripto comisorio concediendo la coronación canónica fue emitido el cuatro de marzo de 1954. Ésta tuvo lugar el trece de mayo de dicho año por el Cardenal Pedro Segura y Sáenz en la Puerta Jerez, entonces llamada Plaza de Calvo Sotelo, con la Virgen en su paso, acompañada con San Juan Bosco y Santo Domingo Savio en los suyos y una carroza alegórica salesiana. Las coronas de oro fueron ejecutadas por Emilio García Armenta para la ceremonia.

La imagen, atribuida al escultor catalán Parellada, policromada por Casanova, llegó de los Talleres de Sarriá en 1895. La policromía fue restaurada por Ángel Ramos ca. 1928. En 1941 fue decorada en oro fino. En los años noventa realizó labores de mantenimiento José Pérez Conde. La última intervención la hizo Pedro Manzano en el 2021-2022.

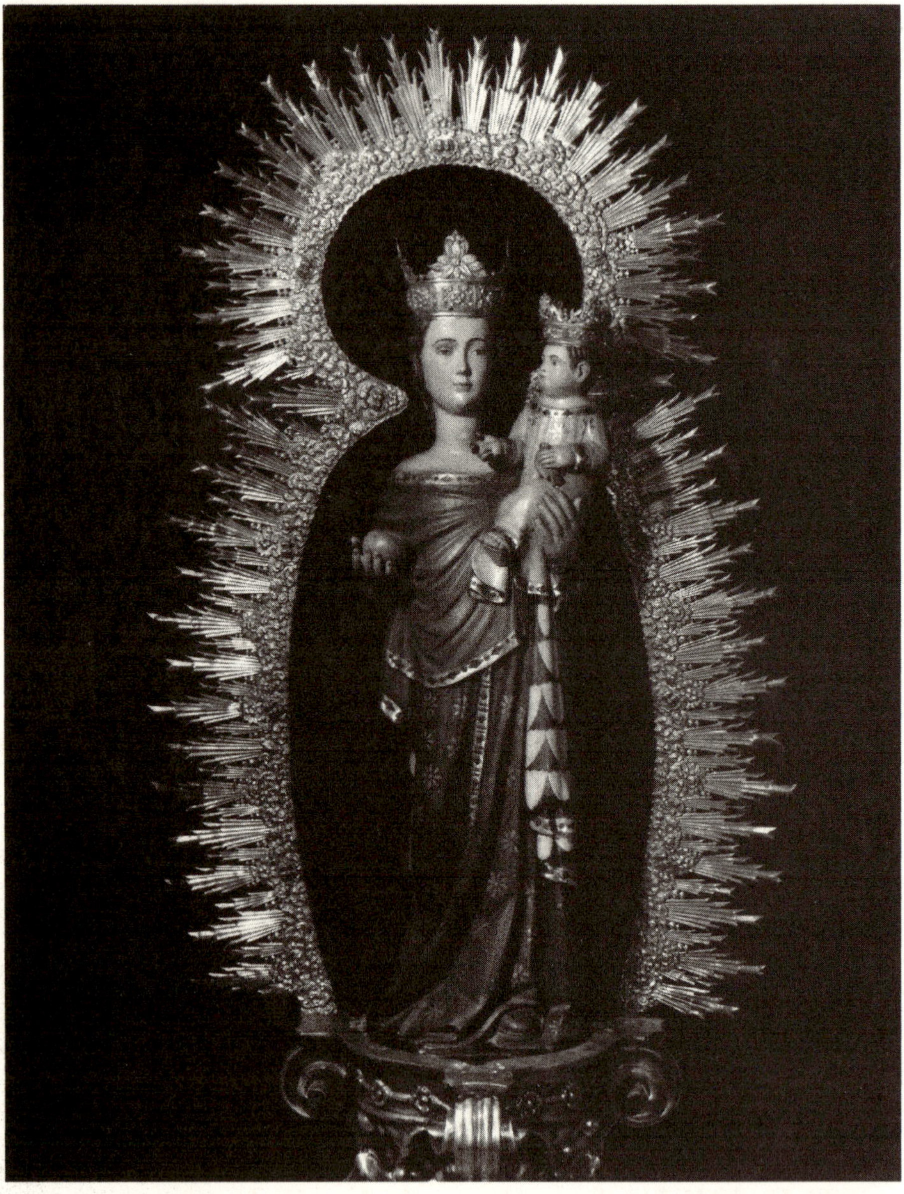

1974: Virgen de la Hiniesta

Concedida por la Reverenda Fábrica de San Pedro

Esta imagen estante de talla completa de la Virgen con el Niño en la mano izquierda de 1,25 m. es titular de la Real e Ilustre Hermandad Sacramental de la Inmaculada Concepción y Franciscana, Primitiva y Cisterciense Cofradía de Nazarenos de la Piedad de Nuestra Señora, Santísimo Cristo de la Buena Muerte, Santa María Magdalena y María Santísima de la Hiniesta Dolorosa y Gloriosa Coronada. Recibe culto en la hornacina central del retablo mayor de la iglesia parroquial de San Julián. Es conocida popularmente por Hiniesta Gótica. Procesiona en el miércoles víspera de la solemnidad de Corpus Christi para presidir un altar ante la fachada del ayuntamiento y regresa de la misma manera en la tarde de dicha fiesta.

La coronación canónica fue solicitada en 1958, y le fue concedida en 1959, aunque no fue coronada canónicamente hasta el veintitrés de mayo de 1974, tras ser anunciada el ocho de diciembre del año anterior. Se llevó a cabo en el trascoro de la catedral hispalense por el Cardenal Arzobispo José María Bueno Monreal. Se decidió desde un principio que el proyecto de la corona fuera historicista en consonancia con el estilo gótico de la imagen, eligiéndose el modelo de corona ducal, sin imperiales. Había sido ejecutada por la joyería El Regulador de Barcelona, y fue adaptada a la imagen con la ejecución de un aro inferior realizado por Seco Velasco. Es de oro, perlas y piedras preciosas, adquirida por Eladio García de la Borbolla y donada a la Hermandad en 1968. En cuanto a la corona del Niño, de plata sobredorada, fue diseñada por Cayetano González de estilo neobarroco y realizada por Seco Velasco.

La imagen de autor anónimo catalán se puede datara mediados del siglo XIV. A finales de esta centuria la leyenda narra que fue hallada por Mosén Per de Tous en Cataluña entre unas retamas, de las que tomaría la advocación. La imagen en el barroco sufrió mutilaciones para ser sobrevestida, y fue repristinada en 1912 por Manuel Delgado Brackembury, con la colaboración del pintor Santiago Martínez.

En el incendio provocado del ocho de abril de 1932 pereció entre las llamas, quedando reducida a un carbón. Antonio Castillo Lastrucci para sustituirlam realizó una réplica que fue bendecida el nueve de septiembre de 1945 en la iglesia de San Luis. Ha sido restaurada por José Pérez Delgado en 1992.

1998: Virgen de las Mercedes de la Puerta Real

Reconocimiento canónico a partir de esta fecha de la imposición de corona de 1972

Concedido por el Ordinario de Lugar

Esta imagen estante de candelero para vestir de Real, Antigua, Venerable, Ilustre y Fervorosa Hermandad Mercedaria del Patrocinio de Nuestra Señora, Santo Cristo de la Redención, Nuestra Señora de las Mercedes Coronada, San Pedro Nolasco y San Fernando Rey. Recibe culto en el altar mayor de la capilla a Ella dedicada. Procesiona el último sábado de septiembre.

El domingo veinticuatro de septiembre de 1972 le había sido impuesta solemnemente una corona de oro, única realizada para una imagen de gloria, delante del actual Museo de Bellas Artes, antiguo convento de la Merced, por el entoncesl párroco de Bellavista, José Antonio Pérez Domínguez de la Rasilla.

En virtud de este hecho, el quince de octubre de 1998 el Cardenal Carlos Amigo Vallejo emitió un decreto por el cual se debía considerar a partir de esta fecha canónicamente coronada.

Esta corona de oro de ley fue cincelada por Villarreal en 1972, por encargo de la joyería Reyes, y costó 400.000 pesetas. Fue restaurada por los Hermanos Delgado en 2005.

En cuanto a la imagen Luis Álvarez Duarte sustituyó en 1969 por ella una anterior. En el 2000 el mismo escultor la sometió a un proceso de resanamiento y conservación.

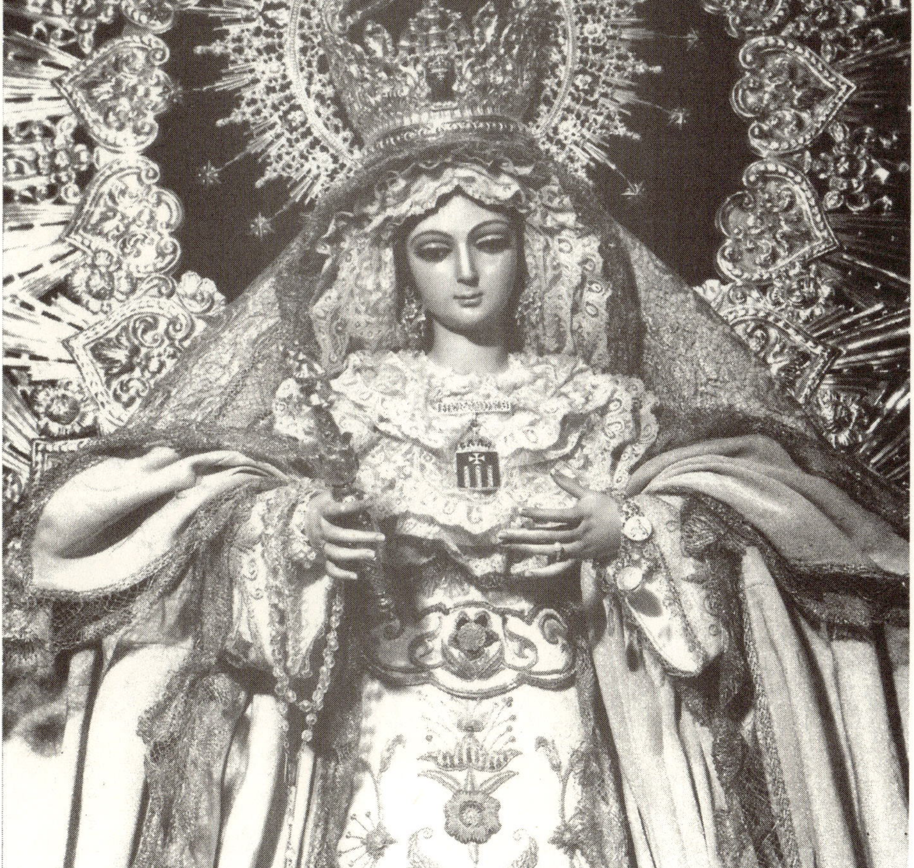

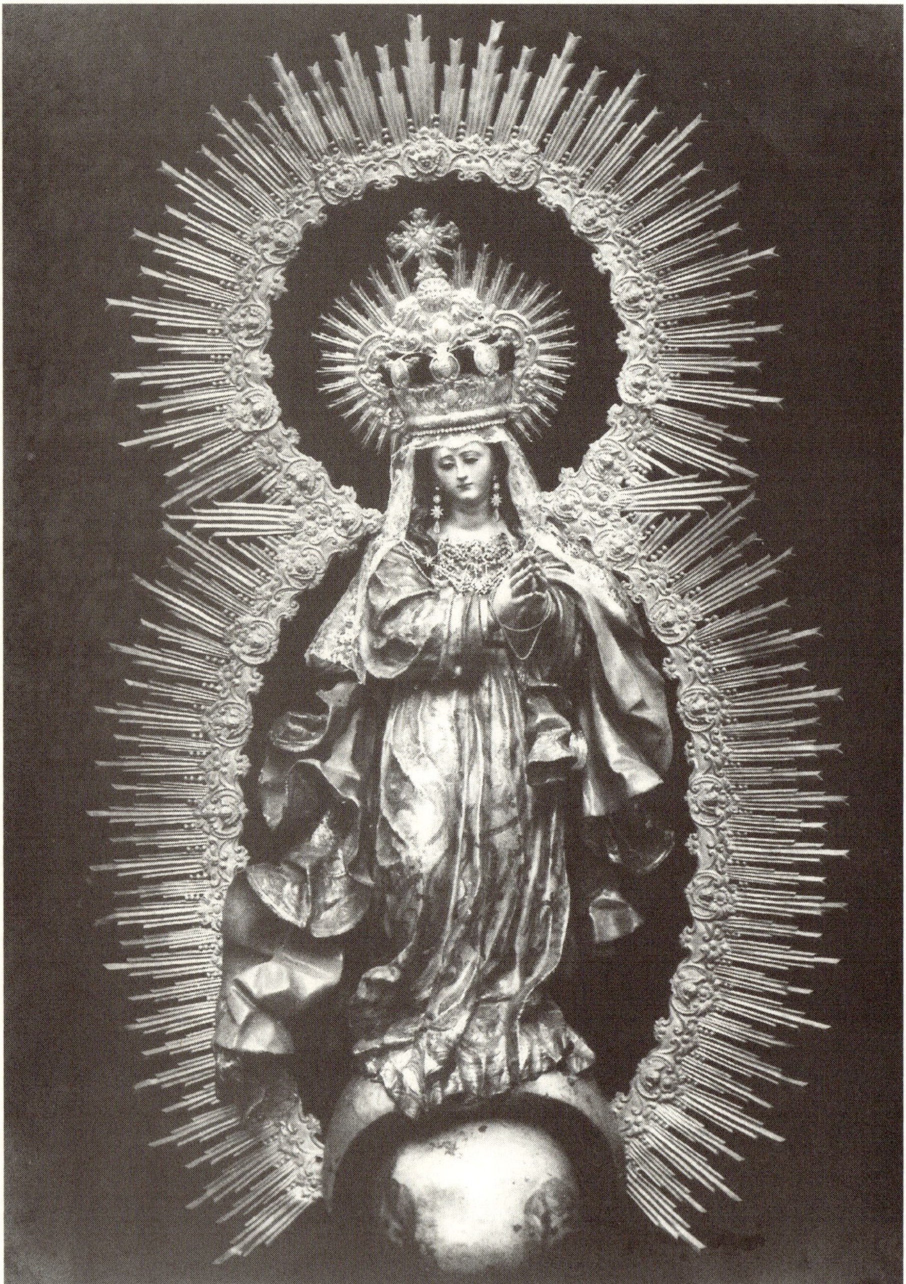

2000: Pura y Limpia del Postigo

Concedida por el Ordinario de Lugar

Esta imagen estante, de talla completa, de 80 cm., es la titular de la Antigua, Ilustre y Fervorosa Hermandad de la Pura y Limpia Concepción de la Santísima Virgen María. Preside desde su retablo la pequeña capilla junto al Postigo del Aceite, expuesta permanentemente al culto público tras acristalada reja. Procesiona en torno a la solemnidad de la Inmaculada.

Tuvo el privilegio en 1993 de estar junto al altar de la Statio Orbis del Congreso Eucarístico Internacional celebrado en Sevilla, y ante Ella se arrodilló el Papa San Juan Pablo II.

Tras un largo periodo de petición, la imagen fue coronada el ocho de diciembre del año 2000 en el marco de la Misa Estacional de la catedral de la solemnidad de la Inmaculada, el ocho de diciembre, la sexta imagen de gloria mariana de Sevilla coronada canónicamente. Se utilizó su corona de plata dieciochesca restaurada.

En 1753 Juan José González, maestro entallador, realiza el retablo de la capilla, que, con bastante seguridad se ejecutaría para entronizar a nuestra imagen, a la que hay que asignarla a esta cronología, lo que confirma un examen estilístico de la misma, que lo hace adscribirla al círculo de Pedro Duque Cornejo.

Fue restaurada por José Rodríguez Rivero-Carrera en 1967, que también, a mediados de la década de los ochenta, limpió la policromía y subsanó la rotura de un dedo. Fue de nuevo intervenida en 2021 por la empresa Gestionarte.

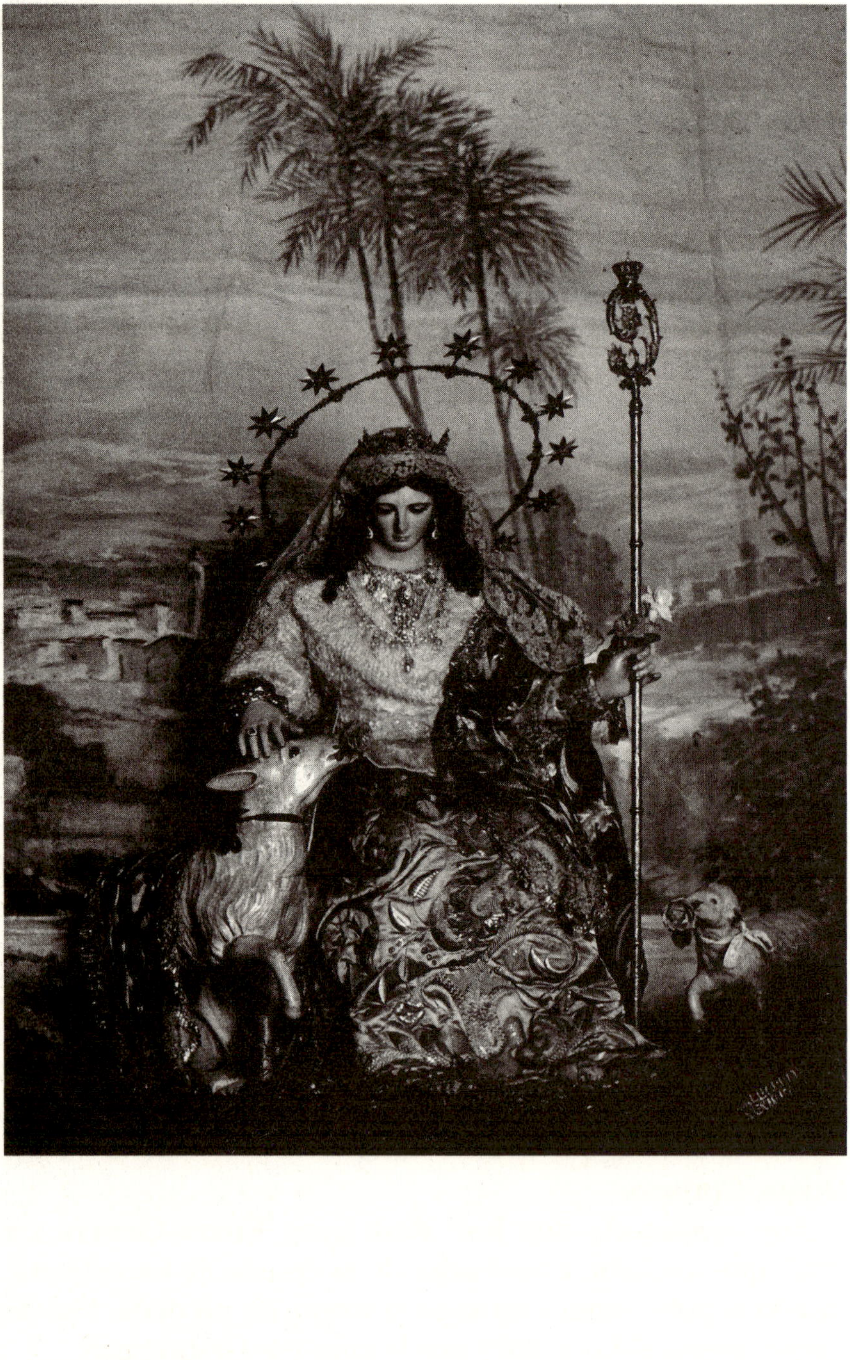

2004: Divina Pastora de Capuchinos

Reconocimiento canónico desde esta fecha de la imposición de corona de 1921

Concedido por el Ordinario de Lugar

Esta imagen sedente de 1,12 m. es titular de la Hermandad del Redil Eucarístico de la Divina Pastora de las Almas Coronada y Beato Diego José de Cádiz. Recibe culto en el camarín de su retablo de la nave del evangelio de la Iglesia Conventual de La Divina Pastora y Santas Justa y Rufina, regentada por los capuchinos. Procesiona el último domingo de mayo.

Fue piadosamente coronada, a iniciativa de Fray Juan Bautista de Ardales, el veintidós de mayo de 1921 por el Obispo de Ostracine, Auxiliar en Córdoba, Argentina, Inocencio Dávila. La corona de plata, donación particular, hecha al efecto es obra de Antonio Amián Austria. En virtud de esta ceremonia, El Cardenal Amigo Vallejo el cuatro de marzo de 2004 decretó que desde esta última fecha debía considerarse coronada canónicamente. La imagen está atribuida a José Fernández Guerrero, Teniente Director de Escultura de la Academia de Nobles Artes de Cádiz, y llegó de esta ciudad en 1802 traída por el P. Otura. Un decreto provincial de ocho de marzo de 1798 ordenaba que en todas las iglesias capuchinas hubiese altar de la Divina Pastora. En ésta de Sevilla ya se había instalado una imagen menor del natural de Cristóbal Ramos en tiempos del Beato Diego José de Cádiz que fue sustituída por ésta.

Fue intervenida en junio-julio de 1956 por Sebastián Santos Rojas, que no cobró su trabajo por una gracia concedida por la Virgen, y en 1982 Francisco Buiza le hizo cuerpo nuevo. En el 2013 le hizo una restauración integral Fernando Aguado.

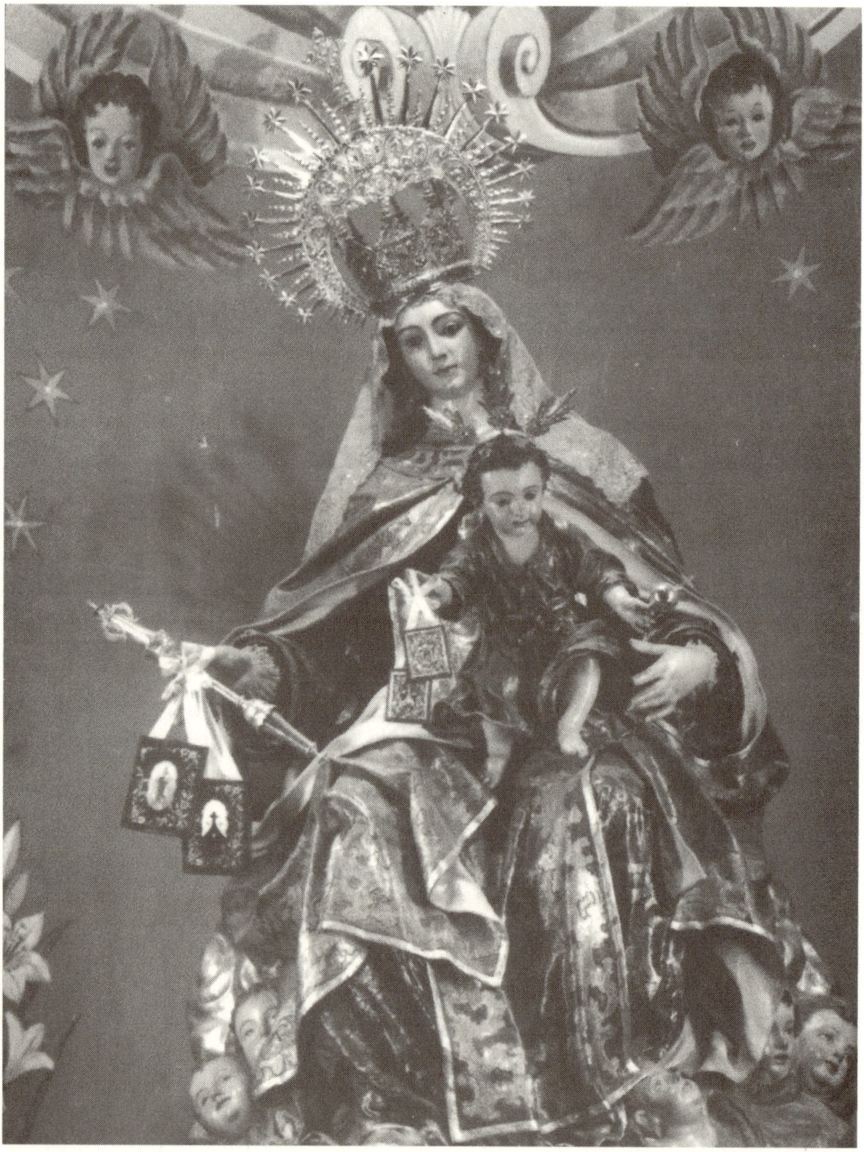

2015: Virgen del Carmen del Convento del Santo Ángel de la Guarda

Concedida por el Ordinario de Lugar

Esta monumental imagen sedente de la Virgen con el Niño Jesús en su regazo, de 2,60 m., preside el camarín del retablo mayor de la Iglesia Conventual del Santo Ángel, de la rama masculina de la orden carmelita descalza.

Fue coronada en la Iglesia que preside en la tarde del sábado diez de octubre por el Arzobispo Juan José Asenjo Pelegrina. Se concibió la efeméride en acción de gracias por la protección mariana sobre la orden carmelita descalza en el marco del V centenario del nacimiento de Santa Teresa de Jesús. Fue una celebración, en palabras del Arzobispo, «solemne pero austera», la única hasta ahora que no ha incluido procesión extraordinaria.

Fue restaurada por Manuel Antonio Ruiz Berdejo y Antonio Díaz Arnido. Se presentó el mes de julio anterior, y el orfebre Juan Borrero hizo lo mismo con la corona de la Virgen para el día tan señalado.

Es una obra maestra en barro y telas encoladas de Cristóbal Ramos, realizada entre 1760 y 1780. La Virgen está ataviada con el hábito carmelitano, y porta en su mano derecha el escapulario, mientras que sostiene en su siniestra al Niño Jesús que luce túnica roja y porta también el escapulario.

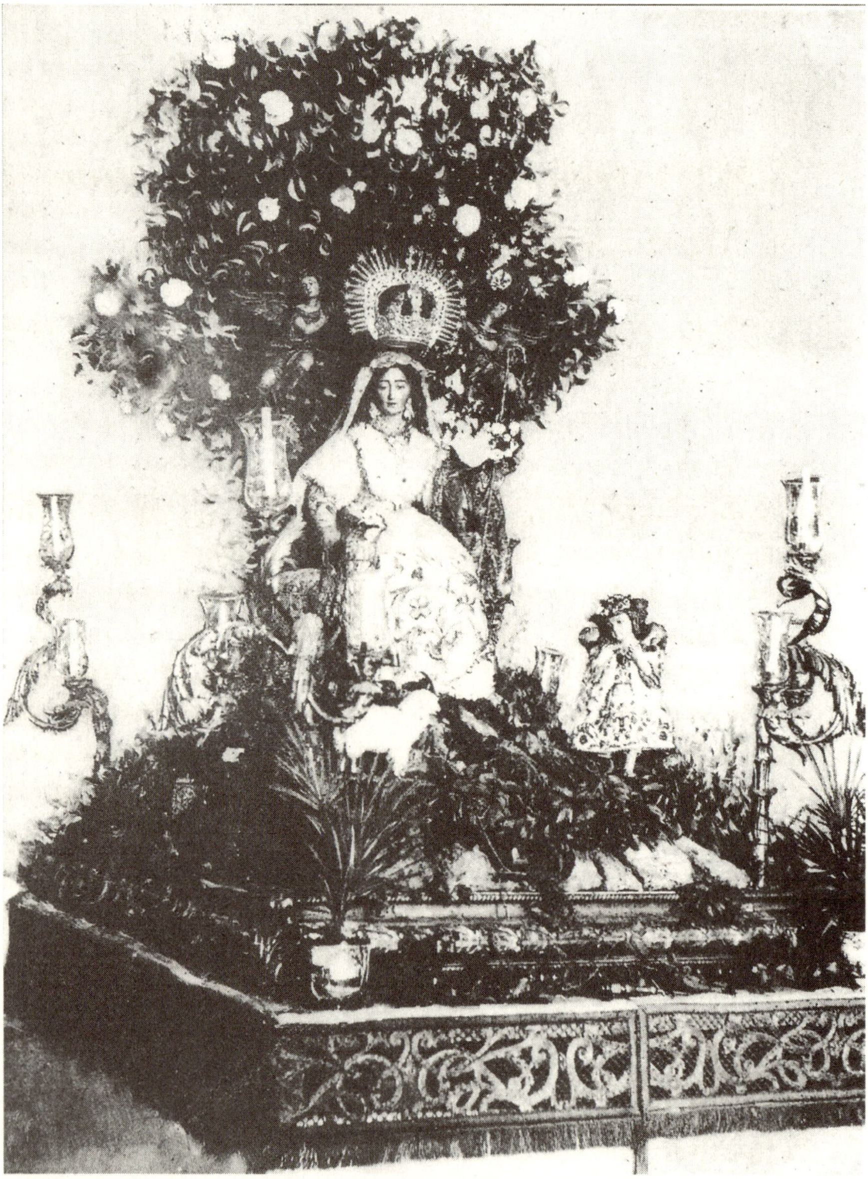

2025: Divina Pastora de las Almas María Santísima (Santa Marina)

La imagen sedente de la Virgen, acariciando al Cordero con la diestra y portando en la izquierda báculo, con atuendo pastoril, de 1,20 m., es titular de la Primitiva, Real, Ilustre, Venerable, Franciscana y Fervorosa Hermandad del Rebaño de la Divina Pastora de las Almas María Santísima, Emperatriz de los Cielos y de la Tierra y Santa Marina. Es venerada en su camarín del retablo mayor de la Capilla de San Bernardo desde 1992, vulgo de los Viejos. Procesiona el tercer domingo de septiembre.

Esta imagen será coronada canónicamente por el Arzobispo José Ángel Saiz Meneses en la tarde del sábado veintisiete de septiembre del próximo 2025, según lo anunció él mismo el viernes veintinueve de septiembre de este 2023, en el transcurso de la solemne función del Arcángel San Miguel, venerado como Mayoral del Rebaño de la Divina Pastora, en la que también aceptaba el cargo de vicemayoral de la hermandad, que siempre han ocupado clérigos ilustres y desde 1820 los arzobispos de Sevilla. Desde 2015 una imagen de gloria no recibía esta distinción. Se está ya programando la elaboración de una corona para el acto.

El acto recibe gran importancia histórica por atesorar la Hermandad, la primera con tal título, el primitivo icono pictórico de tal advocación, en la que se fijan sus elementos, encargado por el propio ideólogo de esta novedosa por entonces iconografía, Fray Isidoro de Sevilla, en junio de 1703, que supuso un regalo de Sevilla a la Iglesia Universal, porque esta devoción está esparcida por todo el orbe católico, en especial por el mundo hispánico.

La imagen escultórica, también la primera de tal índole en el mundo, concebida para vestir, es atribuida con total seguridad a Francisco Antonio Gijón, al que se le encargó en 1704. En 1991-1992 Juan Manuel Miñarro López le realizó una intervención integral y a partir de entonces es el encargado del mantenimiento de la imagen.

Oración mariana de un cofrade sevillano

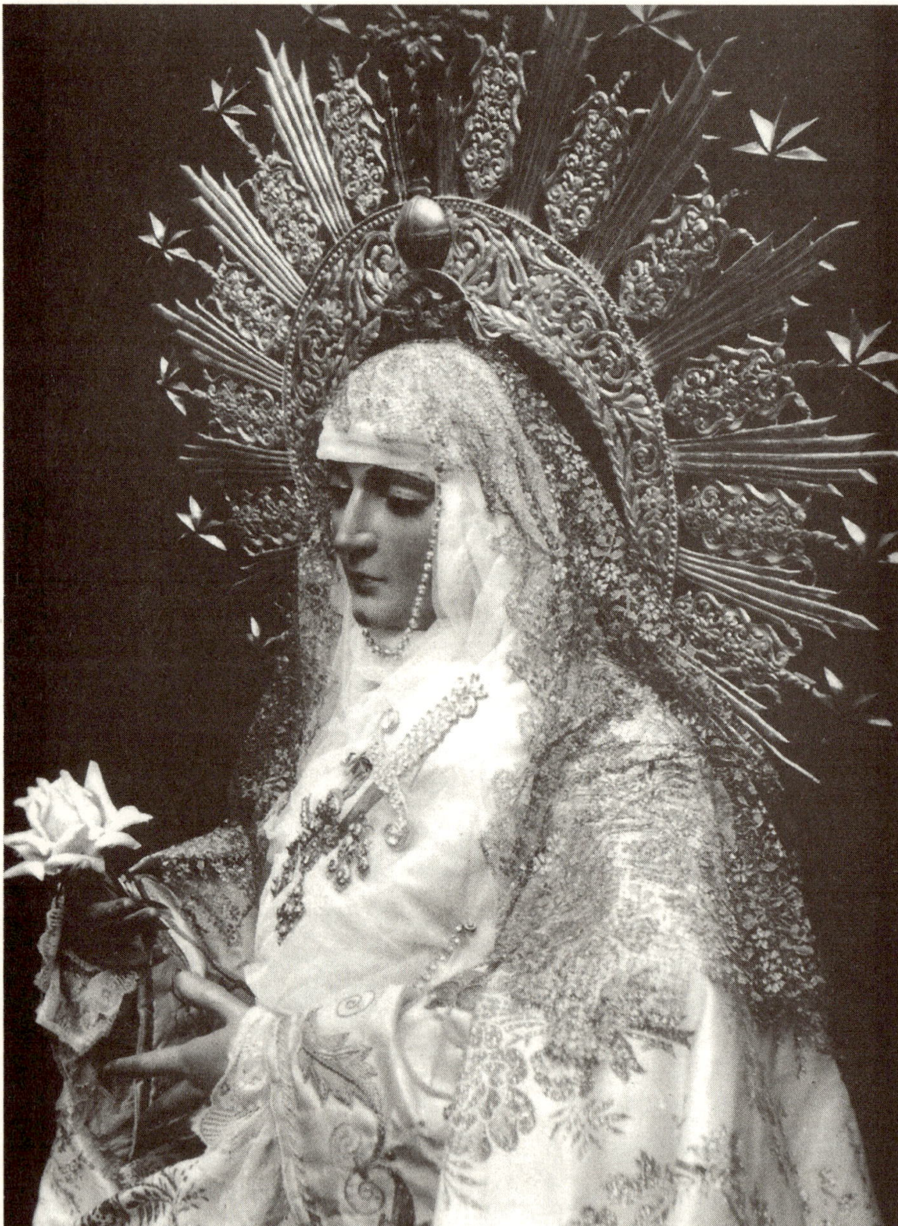

Te doy gracias. Oh María Madre de Dios
y Madre nuestra amabilísima,
por tu Inmaculada Concepción
por tu perpetua Virginidad,
en tu misión Mediadora
con tu hijo Jesús al pie de la Cruz.
Por tu Gloriosa Asunción
en cuerpo y alma,
porque eres la Madre del Resucitado
amanecer luminoso e imagen de la Iglesia
que tendrá cumplimiento
en el regreso glorioso de Cristo.
Por tu maternidad Espiritual,
que dándonos a Jesús, nos regenera
en la vida Eclesial,
porque precedes y acompañas a la Iglesia,
en el camino de la caridad y de la esperanza.
Por tu Realeza universal,
en tu misión de Madre y dispensadora
de todas las gracias y dones que vienen del Padre,
junto a cada criatura
eres Auxiliadora, Consuelo y Refugio.
Que venga pronto, oh María, Virgen de los Reyes,
el Trunfo del Reino de tu Hijo,
sobre Sevilla, Andalucía y toda la tierra
un Reino de verdad, justicia, amor y paz.

AMÉN

L.G.

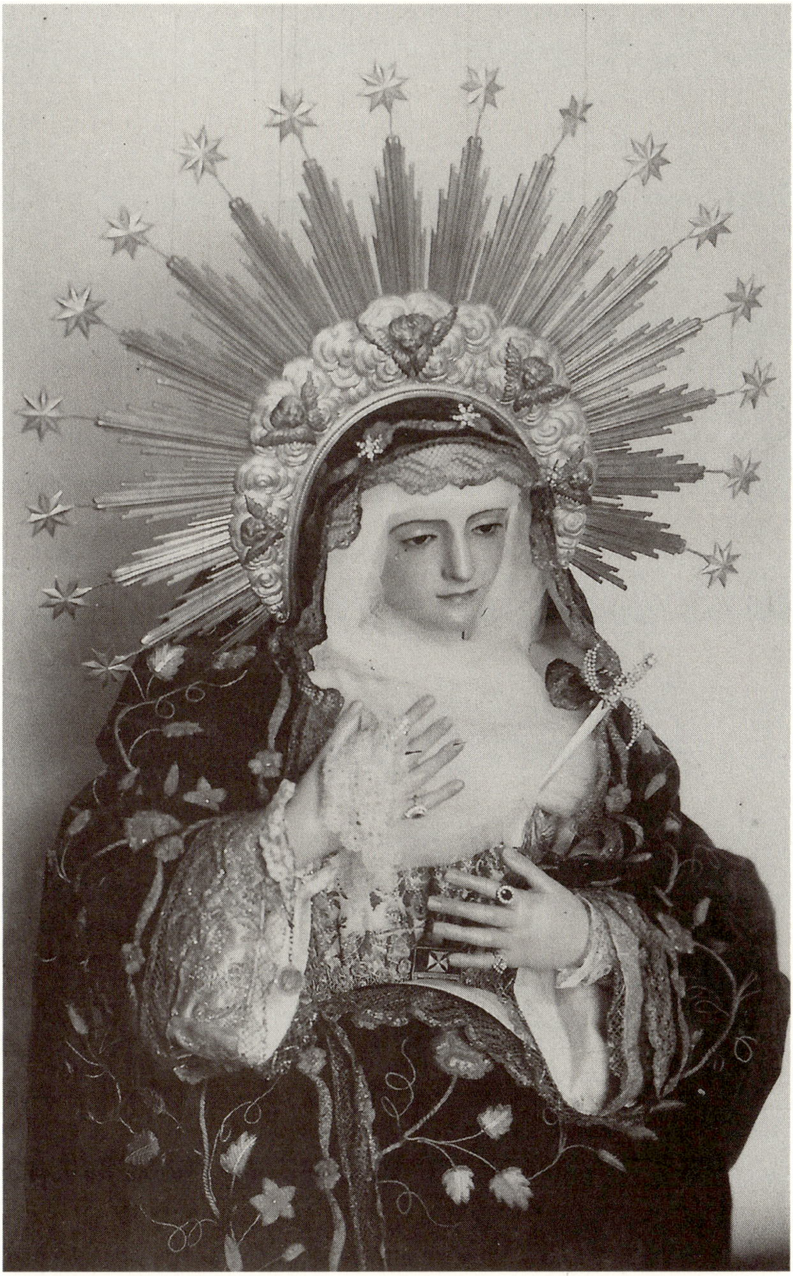

NOTAS AL LIBRO DE MONSEÑOR LANZAFAME

Así como hoy te coronamos en la tierra,
así merezcamos ser coronados en el Cielo.

Ramón de la Campa Carmona
Academia Andaluza de la Historia

«Desde ahora me felicitarán todas las generaciones». Estas palabras proféticas, proferidas por los labios de María en Ein-Karem y recogidas en el evangelio de San Lucas, se han cumplido en el devenir de la historia, porque su figura ha acompañado siempre al pueblo de Dios como el lucero refulgente que guía con su ejemplo la navegación de la barca de la Iglesia en el mar proceloso de este mundo, como un espejo purísimo que refleja la luz divina en las tinieblas de la sinrazón y la mentira por su ser purísimo y limpio, como un seguro refugio ante los asaltos del maligno enemigo con la pasión que sólo la mejor madre de la historia ha sabido y ha podido hacer.

El coronar a María en esta tierra es un acto profético de fe en el Reino de Dios, que está ya aquí pero todavía no ha llegado a su plenitud. El triunfo de María en su asunción es el primer y mejor fruto del plan redentor de Cristo que Ella ha experimentado como primicia, y señala el camino para participar también nosotros de esa gloria: es reina porque fue sierva, es revestida de sol y coronada de estrellas porque se desprendió de todo, hasta de su Hijo amado, y aceptó voluntariamente el vacío y la tiniebla del Calvario y el sepulcro.

Sólo así podremos comprender el libro de Monseñor Lanzafame. Tiene dos partes bien definidas: en la primera se justifica la realeza de María desde un punto de vista bíblico, teológico y litúrgico por su papel en la Historia Salutis, mientras que en la segunda se hace un recorrido histórico sobre el rito de coronación de una imagen de María: su origen, su introducción en el ritual de la Iglesia y su desarrollo en Sevilla.

Su acercamiento a María desde la teología conjuga la doble mirada, ya señalada en la Lumen gentium, a su figura, necesaria para una correcta comprensión del misterio de la Virgen: la cristotípica y la eclesiotípica, con un lenguaje asequible sin renunciar al rigor académico, algo digno de admirar y no fácil de conseguir. Y va conjugando las notas que en la Marialis cultus se señalan como necesarias para una sana devoción a Nuestra Señora: bíblica, litúrgica, ecuménica y antropológica

Don Giovanni, como cariñosa y respetuosamente lo conocemos nosotros, ha dedicado ya muchas horas de su fecunda actividad pastoral a temas marianos, abordados desde una perspectiva interdisciplinar y con un pie en su patria por nacimiento, Sicilia, y con otro en su patria elegida, Andalucía. De sur a sur surcando el Mediterráneo, en un mismo universo cultural y religioso de ida y vuelta. Sus numerosísimos libros, artículos, conferencias… dan sobrada prueba de ello.

Desde que lo conocí en la sevillana iglesia de la Anunciación, en un momento que se pierde ya en la nebulosa de los años, hemos mantenido siempre una amistad y una estrecha colaboración. Nos une el amor a María y a la Iglesia, el estudio de las tradiciones religiosas, que forman parte tanto de nuestro patrimonio inmaterial como material, así como la doble mirada a las penínsulas hermanas del Mediterráneo.

Una de las conclusiones más importantes que se puede sacar del libro en su conjunto es la vitalidad arrolladora de la religiosidad popular y de la devoción mariana en la actualidad en en Sevilla, que podemos extrapolar a Andalucía y a Italia, que contrasta significativamente con otras realidades eclesiales, en cuanto han supuesto un freno al nocivo laicismo promocionado por las élites globalistas plutocráticas, manteniendo la llama de la trascendencia en un mundo salvajemente inmanentista, de cuyo peligro no se salva ni siquiera un amplio sector de la Iglesia.

Una segunda conclusión, íntimamente ligada a la anterior, y en el campo de la antropología, es como la Virgen, además de su importancia en el Mysterium Salutis, se convierte en símbolo potente de identidades comunitarias, grupales, locales, nacionales, constituyendo un aglutinante cultural de primer orden, muy necesario frente a la amenaza de un globalismo nocivo, que pretende destruir las raíces culturales de los pueblos del mundo.

En suma, además de la erudición histórica que se va diseminando a lo largo del libro, vemos cómo también sirve de ensayo que nos invita a reflexionar para que nuestra devoción mariana y nuestras manifestaciones de religiosidad popular sean cada vez más sólidas y auténticas, para que como dice el famoso canto: «que en el cielo solo te aman mejor».

ELENCO DE PATRONAS Y DEVOCIONES DE LA DIÓCESIS DE SEVILLA

Inmaculada Concepción.	Patrona de Aguadulce.
Nuestra Señora de las Angustias.	Patrona de Alanís de la Sierra.
Santa María de la Asunción.	Titular de la Parroquia de Albaida del Aljarafe.
Nuestra Señora del Águila.	Patrona de Alcalá de Guadaira.
Santa María de la Asunción.	Titular de la Parroquia de Alcalá del Río.
Nuestra Señora del Consuelo.	Patrona de Alcolea del Río.
Nuestra Señora del Carmen.	Patrona de Alfonso XIII, poblado de Isla Mayor.
La Purísima Concepción.	Devoción principal de La Algaba.
Nuestra Señora del Rosario.	Patrona de Algámitas.
Nuestra Señora de Gracia.	Patrona de Almadén de la Plata.
Patrona de Almensilla.	Nuestra Señora de la Antigua.
Nuestra Señora del Carmen.	Devoción principal de Arahal.
La Inmaculada Concepción.	Patrona de Arroyo de la Plata, pedanía de El Castillo de las Guardas.

Devociones principales de Aznalcázar.	Nuestra Señora de las Angustias y Nuestra Señora de la Encarnación.
Nuestra Señora de Fuentesclaras.	Patrona de Aznlacóllar.
Nuestra Señora del Carmen.	Devoción principal de Arahal.
Nuestra Señora del Socorro.	Patrona de Badolatosa.
Nuestra Señora de las Nieves.	Patrona de Benacazón.
Nuestra Señora de Cuatrovitas.	Patrona de Bollullos de la Mitación.
Nuestra Señora de la Encarnación.	Patrona de Bormujos.
Nuestra Señora del Rosario.	Patrona de Brenes.
Nuestra Señora del Rosario.	Patrona de Burguillos.
Nuestra Señora del Rosario.	Patrona de Las Cabezas de San Juan.
Nuestra Señora de los Dolores.	Patrona de Camas.
Nuestra Señora de Fátima.	Patrona de La Campana.
Nuestra Señora de Fátima.	Patrona de Campillo, pedanía de La Luisiana.
Nuestra Señora de la Soledad.	Patrona de Cantillana.
La Inmaculada Milagrosa.	Devoción principal de Cañada del Rosal.
Nuestra Señora del Rocío.	Patrona de El Cañuelo, pedanía de El Castillo de las Guardas.

Nuestra Señora de Gracia.	Patrona de Carmona.
Nuestra Señora de Consolación.	Patrona de Carrión de los Céspedes.
Nuestra Señora de la Encarnación.	Patrona de Casariche.
Nuestra Señora de Gracia.	Patrona de Castiblanco de los Arroyos.
Nuestra Señora del Rosario.	Patrona de Castilleja de Guzmán.
La Inmaculada Concepción.	Patrona de Castilleja de la Cuesta.
Nuestra Señora del Buen Suceso.	Patrona de Castilleja del Campo.
Nuestra Señora de los Dolores.	Devoción principal de El Castillo de las Guardas.
Nuestra Señora del Monte.	Patrona de Cazalla de la Sierra.
Nuestra Señora de Robledo.	Patrona de Constantina.
Nuestra Señora de la Fuensanta.	Patrona de Corcoya, pedanía de Badolatosa.
Nuestra Señora de la Estrella.	Patrona de Coria del Río.
La Inmaculada Concepción.	Patrona de Coripe.
Nuestra Señora de los Remedios.	Patrona de El Coronil.
Nuestra Señora del Buen Suceso.	Patrona de Los Corrales.
Nuestra Señora del Rosario.	Patrona de El Cuervo.

Nuestra Señora del Valme.	Protectora celestial de Dos Hermanas.
Nuestra Señora del Valle.	Patrona de Écija
Nuestra Señora de Loreto.	Patrona de Espartinas y del Aljarafe.
Nuestra Señora de la Asunción.	Parroquia de Estepa.
Nuestra Señora del Rosario.	Patrona de Fuentes de Andalucía.
Nuestra Señora de la Estrella.	Patrona de El Garrobo.
Nuestra Señora de Gracia.	Parroquia de Gelves.
Nuestra Señora de la Encarnación.	Patrona de Gerena.
Inmaculada Concepción.	Patrona de Gilena.
Nuestra Señora de Belén.	Patrona de Gines.
Nuestra Señora de Guaditoca.	Patrona de Guadalcanal.
Nuestra Señora de la Granada.	Patrona de Guillena.
La Inmaculada Concepción.	Patrona de Herrera.
Santa María de la Asunción.	Patrona de Huévar del Aljarafe.
Nuestra Señora de Fátima.	Devoción principal de Isla Mayor.
Nuestra Señora de Araceli.	Patrona de Isla Redonda. La Aceñuela, pedanía de Écija.
Nuestra Señora del Rosario.	Parroquia de La Lantejuela.

Nuestra Señora del Castillo.	Parroquia de Lebrija.
Nuestra Señora del Rosario.	Patrona de Lora de Estepa.
Nuestra Señora de Setefilla.	Patrona de Lora del Río.
La Inmaculada Concepción.	Patrona de La Luisiana.
Nuestra Señora de los Remedios.	Patrona de Mairena del Alcor.
Nuestra Señora de las Mercedes y Nuestra Señora del Rosario.	Devociones principales de Mairena del Aljarafe.
Nuestra Señora del Rosario.	Patrona de Marchena.
Nuestra Señora de la Esperanza.	Patrona de Marinaleda.
Nuestra Señora de la Marisma.	Patrona de Marismilla.
Nuestra Señora del Rosario.	Patrona de Martín de la Jara.
Nuestra Señora del Rosario.	Patrona de La Mezquitilla, pedanía de El Saucejo.
Nuestra Señora de Fátima.	Devoción principal de Los Molares.
Nuestra Señora de los Ángeles.	Patrona de Montellano.
Nuestra Señora de los Ángeles.	Patrona de Montequinto, pedanía de Dos Hermanas.
La Inmaculada Concepción.	Patrona de Morón de la Frontera.
Nuestra Señora de Belén.	Patrona de Las Navas de la Concepción.

Nuestra Señora de las Nieves.	Patrona de Olivares.
Nuestra Señora de Consolación.	Patrona de Utrera.
Nuestra Señora del Rosario.	Patrona de Las Pajanosas, pedanía de Guillena.
Nuestra Señora de las Nieves.	Patrona de Los Palacios y Villafranca.
Nuestra Señora del Carmen.	Patrona de El Palmar de Troya.
Nuestra Señora de la Estrella.	Patrona de Palomares del Río.
Nuestra Señora del Carmen.	Patrona de Paradas.
Nuestra Señora de la Oliva.	Patrona de Pedrera.
Nuestra Señora del Espino.	Patrona de El Pedroso.
Nuestra Señora de Villadiego.	Patrona de Peñaflor.
Nuestra Señora de Belén.	Patrona de Pilas.
La Inmaculada Concepción.	Patrona de Pruna.
Nuestra Señora de las Virtudes.	Patrona de La Puebla de Cazalla.
Nuestra Señora de las Huertas.	Parroquia de La Puebla de los Infantes.
Nuestra Señora de la Granada.	Patrona de La Puebla del Río.
Nuestra Señora de los Remedios.	Patrona de El Real de la Jara.
Nuestra Señora de los Dolores.	Patrona de La Rinconada.

Nuestra Señora de los Llanos.	Patrona de la Roda de Andalucía.
Nuestra Señora de Gracia.	Patrona de El Ronquillo.
Nuestra Señora de Fátima.	Patrona de Los Rosales.
Nuestra Señora del Rosario.	Patrona de El Rubio.
Nuestra Señora del Rosario.	Devoción principal de La Salada, pedanía de Estepa.
Nuestra Señora de la Oliva.	Patrona de Salteras.
Nuestra Señora de la Paz.	Patrona de San Juan de Aznalfarache.
Nuestra Señora de Huéznar.	Patrona de San Nicolás del Puerto.
Nuestra Señora del Rosario.	Patrona de Sanlúcar la Mayor.
Nuestra Señora del Rosario.	Patrona de Santiponce.
Nuestra Señora del Rosario.	Patrona de El Saucejo.
Nuestra Señora de los Reyes.	Patrona principal de Sevilla y su Archidiócesis.
Nuestra Señora de la Encarnación.	Patrona de Tocina.
Nuestra Señora de Belén.	Patrona de Tomares.
Nuestra Señora de las Marismas.	Patrona de El Trobal, pedanía de Los Palacios.
Nuestra Señora de Consolación.	Patrona de Umbrete.
Nuestra Señora de Consolación.	Patrona de Utrera.

Nuestra Señora de Fátima.	Patrona de Valdeflores, pedanía de El Castillo de las Guardas.
Nuestra Señora de la Estrella.	Patrona de Valencina de la Concepción.
Nuestra Señora del Rocío.	Devoción principal de Villamanrique de la Condesa.
Nuestra Señora del Rosario.	Devoción principal de Villanueva del Río y Minas.
Nuestra Señora del Rosario.	Patrona de Villanueva de San Juan.
Nuestra Señora de Aguas Santas.	Patrona de Villaverde del Río.
Santa María del Alcor.	Patrona de El Viso del Alcor.

Este libro se terminó de imprimir en su primera edición, pot encomienda de la editorial Almuzara, el 13 de mayo de 2024. Durante el domingo 13 de mayo de 1917, Lucía y sus primos Francisco y Jacinta Marto llevaron a pastorear a sus ovejas, al lugar conocido como Cova da Iria, en donde Lucía atestiguó la aparición de una mujer, descrita como «Más brillante que el sol», con un manto con bordes dorados, vestida de blanco y con un rosario en las manos.

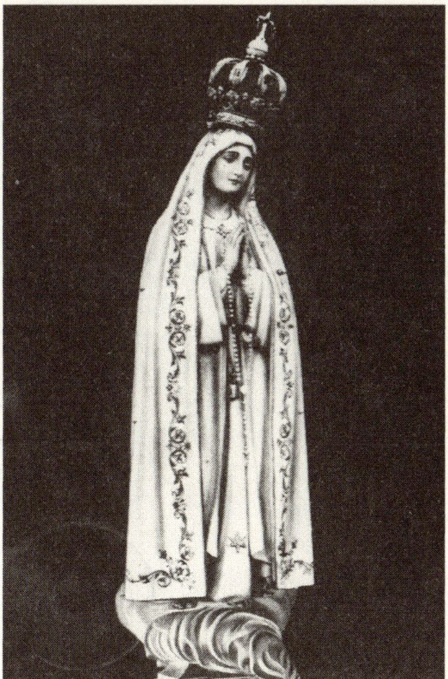